经济学前沿丛书
Frontier Series of Applied Economics

金融与发展：理论与实证研究

郑长德 等著

Finance and Development:
a Theoretical and Empirical Study

中国财经出版传媒集团

经济科学出版社
Economic Science Press

图书在版编目（CIP）数据

金融与发展：理论与实证研究/郑长德等著 . —北京：
经济科学出版社，2017.7

（应用经济学前沿丛书）

ISBN 978 - 7 - 5141 - 8284 - 2

Ⅰ. ①金…　Ⅱ. ①郑…　Ⅲ. ①中国经济 - 经济发展 -
研究　Ⅳ. ①F124

中国版本图书馆 CIP 数据核字（2017）第 183288 号

责任编辑：王　娟　张立莉
责任校对：杨　海
责任印制：邱　天

金融与发展：理论与实证研究

郑长德　等著

经济科学出版社出版、发行　新华书店经销

社址：北京市海淀区阜成路甲 28 号　邮编：100142

总编部电话：010 - 88191217　发行部电话：010 - 88191522

网址：www. esp. com. cn

电子邮件：esp@ esp. com. cn

天猫网店：经济科学出版社旗舰店

网址：http：// jjkxcbs. tmall. com

北京季蜂印刷有限公司印装

710 × 1000　16 开　11.75 印张　220000 字

2017 年 10 月第 1 版　2017 年 10 月第 1 次印刷

ISBN 978 - 7 - 5141 - 8284 - 2　定价：39.00 元

丛书总序

  西南民族大学经济学院组建于 2003 年，建院以来，遵循学校"为少数民族和民族地区服务，为国家发展战略服务"的办学宗旨，坚持"学术立院，科学发展"的理念，以研究中心为平台，高级别科研项目为纽带，在民族区域经济、金融发展、城市经济与空间经济、宏观经济等领域取得了一定的成绩。先后举办了"中国少数民族经济研究会 2005 年年会"、"中国区域经济学会 2007 年年会"、"四川地震灾区灾害评估与灾后重建学术研讨会"、"全国区域经济学科建设年会暨变革时代的中国区域经济"、"第四届天府金融论坛"、"第三届全国空间经济学学术年会"、"全球化与新形势下中国西部经济"等国际和全国性学术会议，组织出版了西南民族大学华风经济学丛书，在学术界产生了良好的学术影响。

  为了全面地、系统地反映学院教师瞄准学科前沿和国家特别是民族地区经济社会发展中的重大问题开展科学研究形成的研究成果，展示我校应用经济学科的发展方向，在西南民族大学学位点建设基金的大力支持下，我们组织编写了这套"应用经济学前沿丛书"，作为国家民委重点学科——应用经济学一级学科的建设成果。丛书不仅着眼于应用经济学的前沿研究成果，更注重于利用现代经济学理论对我国改革与发展的现实问题，特别是民族地区经济社会发展问题的解释与应用。

  通过这套丛书，我们将继续致力于推动我校经济学科的国际化、标准化和现代化。我们期待着广大读者对西南民族大学经济学科的支持，也虚心等待着对该套丛书的批评和指正。

丛书主编

郑长德

2014 年 12 月

前　　言

金融与发展是发展金融学研究的核心主题（郑长德、伍艳，2011）。自 1960 年以来，金融与发展问题的研究大体上经历了第一代（以雷蒙·W·戈德史密斯、麦金农、爱德华·肖等为主）、内生金融发展的第二代理论及不完全契约为基础的第三代金融发展理论。本书以金融与发展的理论为基础，针对中国经济金融发展的现实问题展开研究，内容涵盖了金融与发展、普惠金融、金融与不平等、金融结构与产业结构等。

第 1 章"中国西部地区的金融与发展——基于包容性金融的视角"（作者：郑长德、李通禄），基于包容性金融发展（financial inclusion）的视角研究了中国西部地区的金融与发展的关系。本章首先对包容性金融发展理论进行了梳理与总结，对衡量包容性金融的相关指标进行了综合，利用这些指标构建了我国金融包容度、西部地区金融包容度，然后利用西部地区的经济金融数据，实证研究了西部地区金融包容度与经济增长、贫困、收入差距的关系。研究发现：西部地区金融包容度较全国低，大多数小企业和低收入阶层对金融的享受度很低，这表明西部地区金融包容性不够。本章最后提出了相关政策建议。

根据《全国地方政府性债务审计结果》显示，截至 2010 年底，我国地方政府融资平台公司是地方政府性债务中的最大主体，不仅债务规模巨大，治理结构也不完善，问题众多且突出。

第 2 章"地方政府融资平台公司融资结构优化分析"（作者：郑长德、李海洋），基于扩展的权衡理论从地方政府融资平台公司债务融资的收益与成本两个角度对其融资结构进行剖析，分析从现行地方政府融资平台债务融资收益和成本两方面优化融资结构的路径。基于地方政府融资平台公司的现实经济情况和未来发展趋势要求，我们提出了优化 LGFC 融资结构模型的假设条件，并构建出优化的 LGFC 融资结构权衡模型。

第 3 章"金融经济与实体经济的关系——基于金融功能观的探讨"（作者：郑长德、谭余夏），从马克思的产业资本循环理论角度分析金融资本的形成，从金融功能观的视角分析金融经济作用于产业资本循环的各个阶段，从而促进实体经济发展的机制。金融经济促进实体经济发展主要是通过促进产业资本形成以扩大产业资本规模和为产业资本运动提供金融服务以提高其利用效率两个途径来实现的，而这两个方面的实现又依赖于金融经济本身的规模和运行效率。本章运用一个增长模型刻画了金融资本促进产业资本产出效率提升，从而促进经济增长的机制，模型揭示金融对实体经济增长的促进作用取决于金融规模大小与金融运行的效率两方面。

第 4 章 "金融结构、产业结构与经济波动——基于中国省际面板数据的实证研究"（作者：郑长德、王柄权），采用我国 1993～2011 年的省际面板数据，通过计量分析研究了金融结构对经济波动的影响。研究发现，虽然金融结构中直接融资比例的增加、第二产业和第三产业的发展能起到稳定经济波动的作用，但是我国的金融结构与产业结构的关系并不显著，特别是直接融资占比与第三产业的发展不匹配，二者的相互作用加剧了经济的波动。

第 5 章 "我国产能过剩的微观形成机制研究"（作者：郑长德、梁爽），部分行业产能过剩矛盾突出是近年来我国经济发展过程中出现的重要问题。2011年下半年以来，随着我国经济增速回落，规模以上工业企业利润率明显下降，企业亏损面逐步扩大，产能过剩矛盾的范围和程度进一步扩展。对于产能过剩的形成原因，学术界一直试图从多个不同方面进行解释。国外学者对此问题的研究普遍从委托代理问题、信息不对称以及不完全产权的存在等方面出发。而国内学者对产能过剩问题的形成原因更多地关注宏观层面，而对微观企业层面的关注明显不足。本章从企业投资决策角度及行业内竞争角度构建理论模型，对过度投资的可能原因进行了探讨。根据模型推导结论，本章认为完善企业激励机制、加强研发成果保护力度对过度投资问题起到可能的缓解作用。

第 6 章 "中国金融发展的区域差异：基于金融机会角度"（作者：郑长德、晏小燕），将机会平等思想引入金融发展，从微观主体出发讨论金融发展区际差异对地区家庭消费金融行为的影响，从而进一步来探讨金融发展区际差异的本源。基于约翰·罗默（John E. Roemer）的机会平等理论框架，提出家庭金融发展机会的分析框架，从机会不平等视角下剖析家庭金融机会不平等。主要结论是：在理论层面，本章把机会平等理论框架融合至金融发展理论，理解金融机会内涵、设定金融机会集合和构建金融机会不平等理论框架。认为影响家庭金融机会集的因素可归纳为家庭金融教育投入等可控因素和家庭所处的地理位置等不可控因素。按照机会平等原则，构建家庭获取金融服务的金融机会不平等理论框架。同时基于切奇·丹尼尔和维托·佩拉希内（Checchi Daniele & Vito Peragine，2010）提出事前方法测量家庭获取金融服务的金融机会不平等，分解金融机会不平等，由此剖析可控因素和家庭所处的地理因素差异对金融机会不平等的影响。

依据事前方法，将家庭按照其地理位置划分为不同类型，比较不同类型金融机会值，若不同类型金融机会值相同则家庭获取金融服务的金融机会不受其所处的地理位置和面临的金融发展影响；反之，不同环境下的家庭获取金融服务存在显著的机会不平等。在实证层面，本章引入总熵指数法测度家庭金融机会不平等并分解金融机会不平等以剖析区际发展差异对金融机会不平等的影响力度，同时利用清华大学中国金融研究中心（CCFR）组织的 2012 年中国城市居民家庭消费金融调研数据，定量分析不同地理区家庭金融机会不平等的现状。实证分析表明，同一地理区不同城市的家庭获取金融服务的金融机会不平等，基本是由于家庭对金融教育投入等可控且可改善的因素差异而引致的不平等，而家庭所面临的金融服务环境差异对金融机会不平等的解释力度较弱。从全国样本家庭分析则可得出，家庭所处的地区金融发展等不可控因素对家庭获取金融服务的金融机会影响比较显著。依据家庭所在的地理区将样本家庭划分为七大地理区，而家庭所处地理区的差异引致的不平等能解释样本家庭金融机会不平等的 3.5256%。由此可见，家庭获取金融服务时所面临的服务环境和地理差异越大，解释金融机会不平等的力度则越强，这正说明家庭获取金融服务的不可控因素对金融机会的影响不容忽视。本章通过对家庭金融机会不平等的剖析，发现在中国城市，家庭可控因素对金融机会不平等的作用较大，但影响金融机会不平等的不可控因素往往是难以在短期内改变的。家庭作为金融活动中重要的参与者，家庭可控的消费金融行为对金融发展具有量的增长和质的提升，影响家庭获取金融服务的地区差异是缓解金融机会不平等的突破口，同时也是制定缩短金融发展区际差距的政策方向之一。

第 7 章 "产业结构升级与金融结构演变研究——基于省级面板数据分析"（作者：郑长德、彭见琼、贾敏、钟磊），金融在经济体系中占据着核心的位置，合理的金融发展战略和创新对产业结构调整和升级、实现经济可持续增长产生积极作用，从理论分析上，金融结构发展与产业结构升级之间存在互相影响机制；同时基于我国 31 个省市的 1990～2014 年的省级面板数据，通过面板回归分析得出，我国金融结构中的金融资产内部结构与金融资本市场的效率对我国产业结构升级有着负相关关系，金融资产外部结构与金融市场结构对产业结构存在正相关性，金融资产结构对产业结构中的生态适应力方面则产生积极作用。因此，我国应该积极提倡绿色金融发展理念，并根据我国要素禀赋状况，安排适应于最优产业结构的金融结构体系，以促进经济增长。

第 8 章 "金融发展、收入不平等与贫困减缓：来自四川连片特困地区的证据"（作者：郑长德、钟磊），通过构建一个关于金融发展、收入不平等、贫困减缓的简单理论模型，并运用四川省连片特困地区 86 个县 2004～2014 年的数据建立一个联立方程模型进行实证检验，基本结论是，金融发展能否实现贫困减缓，在于贫困人口能否跨越该地区金融"门槛"以及贫困人口的收入增长路径；金融发展对于四川省特困连片地区是益贫的，对于贫困地区的特殊金融支持是有效的，通过具体的金融安排，可以为贫困阶层实现物质和人力资本的积累提供外在"引擎"，从而跨越"门槛"，收入不平等状况逐渐改善，实现贫困减缓。

　　本书的基础是我们自 2010 年以来承担的四川省金融学会的年度重点课题的成果，为了反映成果的原貌，也因为时间的局限，这次集成时，除了对个别内容进行改写外，基本上保持了成果结项时的原貌。在成果完成时，中国人民银行成都分行、四川省金融学会秘书处给予了大力的支持，在此表示诚挚的感谢！成果的出版还得到了"文化名家暨四个一批人才"基金的支持。限于水平，错漏和观点不成熟之处，概由成果完成人负责。敬请批评指正。

目　　录

第1章

中国西部地区的金融与发展——基于包容性金融的视角[*]

1.1 引　言

　　近年来，包容性增长（inclusive growth）作为发展经济学的一个新概念受到国际上越来越多的发展理论与实际工作者的青睐，并得到许多政策制定者的认同。在中国，特别是 2010 年 9 月 16 日，中国国家主席胡锦涛在出席第五届亚太经合组织（APEC）人力资源开发部长级会议上发表题为《深化交流合作，实现包容性增长》的致辞中指出："实现包容性增长，切实解决经济发展中出现的社会问题，为推进贸易和投资自由化、实现经济长远发展奠定坚实社会基础，这是亚太经合组织各成员需要共同研究和着力解决的重大课题。"这是中国官方第一次在正式场合提出"包容性增长"这一概念。由此激发了各界对"包容性增长"的热议。

　　与包容性增长相对应，在金融发展方面是包容性金融（financial inclusion），这一概念最先是由世界银行和亚洲开发银行提出。长期以来，金融与发展理论特别关注金融与增长的关系，已有的研究充分证明，金融对经济增长是有促进作用的。金融与收入不平等、贫困的关系，直到 20 世纪 90 年代初期才得到学者和决策层的关注。包容性金融与增长、贫困和不平等的三角关系有着密切关系。特别关注的是金融发展对于减贫和缩小收入差距的作用。

　　本章首先综述了包容性金融的相关文献，基于这一综述，构建了包容性金融的指数，并以中国西部地区的经济金融数据为基础，分析了西部地区金融发展与减贫、收入差距缩小间的关系。

---

* 四川省金融学会 2010 年重点课题成果。作者：郑长德、李通禄。

1.2 包容性金融发展：含义与测度

1.2.1 包容性金融理论的演变

最先由亚洲开发银行提出来的包容性金融①（financial inclusion），到世界银行正式提出来的报告（finance for all），包容性金融作为发展经济学的一个新概念受到国际上越来越多的发展理论与实际工作者的青睐，并得到许多政策制定者的认同。其大概经历了如下的历程（见表 1-1）。

表 1-1　　　　　　　　　　包容性金融或金融排斥理论的发展历程

提出的机构/个人	定义内容
ADB（亚洲开发银行）（2000）	为贫困和低收入家庭以及他们的微型企业提供广泛的金融服务，如存款、贷款、支付服务、汇款和保险等
Stephen P. Sinclair（2001）	金融排斥就是指无法以合适的形式获取必要的金融服务，排斥就是指对金融准入的条件、价格、市场的自我约束或导致负面影响的自我排斥
Chant Link and Associates, Australia（2004）	金融排斥是指消费者缺乏从正规金融部门以适当的成本得到公平和安全的金融产品和服务的机会，是低收入消费者或经济困难的人群关注的焦点
Treasury Committee, House of Commons, UK（2004）	个人获得适当的金融产品和服务
Scottish Government（2005）	为个人提供适当的金融产品和金融服务。这包括享受金融服务的个人能力、技术、知识和理解能力
United Nations（2006）	金融机构为个人和企业的"有利可图"行为提供金融服务。为所有人以及公司提供保险服务以及为每个人提供储蓄和支付服务。包容性金融并不是要求每个人都去享受每项服务，而是根据每个人的需要有选择性地使用需要的金融服务
Report of the Committee on Financial Inclusion in India（Chairman：C. Rangarajan）（2008）	为弱势群体和低收入阶层以适当的成本提供足够的、及时的金融服务的过程
World Bank（2008）	在使用金融服务过程中遇到的价格和非价格壁垒，对于包容性金融是很难界定和衡量的，因为其金融准入有很多层面

---

①　这一概念的翻译，在国内翻译成包容式金融、惠普式金融和共享式金融三个版本，但都是一个意思。

1.2.2　包容性金融体系的内涵

包容性金融体系（inclusive financial system），是联合国系统率先在宣传2005年小额信贷年时广泛运用的词汇。其基本含义是：能有效、全方位地为社会所有阶层和群体提供服务的金融体系。目前的金融体系并没有为社会所有的人群提供有效的服务，联合国希望通过小额信贷（或微型金融）的发展，促进这样的金融体系的建立。

（1）首先是一种理念：2006年诺贝尔和平奖得主、孟加拉乡村银行总裁尤纳斯教授说："信贷权是人权。"就是说，每个人都应该有获得金融服务机会的权利。只有每个人拥有金融服务的机会，才能让每个人有机会参与经济的发展，才能实现社会的共同富裕，建立和谐社会与和谐世界。

（2）为让每个人获得金融服务机会，就要在金融体系中进行创新，包括制度创新、机构创新和产品创新。

（3）由于大企业和富人已经拥有了金融服务的机会，建立普惠金融体系的主要任务就是为传统金融机构服务不到的低端客户甚至是贫困人口提供机会，这就是小额信贷或微型金融——为贫困、低收入人口和微小企业提供的金融服务。为此，首先，要在法律和监管政策方面提供适当的空间。其次，要允许新建小额信贷机构的发展，鼓励传统金融机构开展小额信贷业务。

1.2.3　包容性金融体系的框架

包容性金融体系框架认同的是将包括穷人在内的金融服务有机地融入于微观、中观和宏观三个层面的金融体系中，过去被排斥于金融服务之外的大规模客户群体才能获益。最终，这种包容性的金融体系能够对发展中国家的绝大多数人，包括过去难以达到的更贫困和更偏远地区的客户开放金融市场。

客户层面。贫困和低收入客户是这一金融体系的中心，他们对金融服务的需求决定着金融体系各个层面的行动。

微观层面。金融体系的脊梁仍然为零售金融服务的提供者，它直接向穷人和低收入者提供服务。这些微观层面的服务提供者应包括从民间借贷到商业银行以及位于它中间的各种类型。

中观层面。这一层面包括基础性的金融设施和一系列的能使金融服务提供者实现降低交易成本、扩大服务规模和深度、提高技能、促进透明的要求。这涵盖了很多的金融服务相关者和活动，例如审计师、评级机构、专业业务网络、行业协会、征信机构、结算支付系统、信息技术、技术咨询服务、培训，等等。这些服务实体可以是跨国界的、地区性的或全球性组织。

宏观层面。如要使可持续性的小额信贷蓬勃繁荣发展，就必须有适宜的法规和政策框架。中央银行（金融监管当局）、财政部和其他相关政府机构是主要的宏观层面的参与者。

虽然到目前为止，小额信贷一直十分依赖国际捐助者的资助，但是为贫困群体服务的金融体系还是有赖于建设本国的金融市场，应培育大量有实力、可持续的金融服务供给者为贫困和低收入客户服务并展开竞争。这些服务供给者应正常地从国内的融资来源获得资金，例如公众储蓄、批发贷款融资或资本市场的投资，等等。当然在已成功挖掘国内资源的同时，国际资金在扩展金融服务方面仍可能继续发挥作用。事实上，国际资金对上述所有微观、中观和宏观三个层面的金融体系的启动和加速推动建设国内体系的进程，都是能够有所作为的。

1.2.4 包容性金融体系在我国的发展

国内最早引进这个概念的是中国小额信贷发展网络。为了开展 2005 年国际小额信贷年的推广活动，他们决定利用这个概念进行宣传。白澄宇提出用"普惠金融体系"作为"inclusive financial system"的中文翻译。也有人提出用"包容"等名词，但经过考虑，觉得其他词汇不能表达服务对象的广泛性，最后还是用"普惠"这个概念，就是要让所有人平等享受金融服务。

2004 年 11 月，中国小额信贷发展促进网络的主页开通，首页的标题就醒目地写下了网络的宗旨："促进普惠金融体系，全面建设小康社会"。中国人民银行的焦瑾璞于 2006 年 3 月在北京召开的亚洲小额信贷论坛上，正式使用了这个概念。

1.2.5 金融包容性的测度

很少有人知道怎样去建立一个完善的包容性金融体系以及哪些人群能从金融机构那里获取金融服务。一个国家银行体系背后的贷款总额到底有多少的借款者？在总存款额中，又有多少代表真正的存款？从需求角度来看，拥有存款账户的比例是多少？已经给予提供贷款的人口比重又是多大？这些数据的获取不像金融深化的数据获取那样简单。在发展中国家，很少有人关注其金融部门提供金融服务的对象是哪些，这些国家的金融机构在扩大金融准入以提供金融服务支持贫困家庭和小型企业上有哪些实际障碍和政策障碍。因此我们需要收集一些更好的数据，对金融包容性进行深入研究，目前在这个研究方向上，很多研究者也一直在努力。

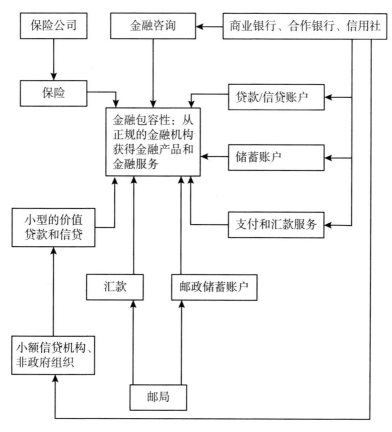

图1-1　金融产品和服务的体制结构

资料来源：作者绘制。

　　金融包容性，抑或是广泛地获得金融服务，在这里被定义为使用金融服务情况下的价格和非价格壁垒。当然这并不意味着在世界各地所有的家庭和企业都能够以最优惠的贷款利率获取资金。当前的金融服务供应也是存在激烈竞争的，客户要想取得利率、贷款费用和保险费用方面的优惠，取决于金融机构对客户的信誉。

　　世界银行最近的数据汇编工作主要是对金融准入和金融使用进行测度。在对金融服务使用的测度中，普遍的做法就是对一定数量的住户进行调查，对其在银行的账户和与银行类似的金融机构账户进行普查。在没有进行数据普查的情况下，人们不喜欢那些只代表一些人群或是重要人群的调查，因为对于那些没有被调查的人群来说，这些调查研究者还需要对信息进行再收集，确定金融服务的消费数量、价格情况以及对家庭的影响或使用金融服务可能受到的影响等数据进行补充，才能更好地为那些没有被调查到的人群提供金融服务。

在不同的国家，数据有着不一致性，研究人员在收集到的微观数据中，有些数据指标还是比较容易的，如一个国家的存款和贷款账户。当然，账户的总数并不代表用户的实际使用账户总数，因为有些人可能在一个金融机构或几个金融机构拥有几个账户。此外，还存在一些休眠账户的情况，在许多的邮政储蓄银行，这是常见的。不过，贝克、马丁内斯·佩里亚等（Beck and Martinez Peria, 2007），霍诺根（Honohan, 2006）的研究表明，从用户那里调查的相关金融服务的信息得知，存款账户和贷款账户总量与家庭的实际使用比例具有高度的非线性。

1.2.6 我国包容性金融的衡量指标

在总结前人研究的基础上，为更好、更全面地对我国包容性金融的发展进行衡量，在此，本节选取的指标主要有：银行账户（机构网点）、即时信用、储蓄及理财产品、汇款及付款服务、保险、抵押、金融咨询服务、创业贷款、能力等9个指标，如表1-2所示。

表1-2　　　　　　　　　　包容性金融测量指标

提出的机构/个人	衡量指标
ADB（亚洲开发银行）（2000）	存款，贷款，支付服务，货币转让和保险
Stephen P. Sinclair（2001）	货币转让所需的基本金融服务、信贷、保险、债务和债务援助、长期储蓄和财务知识
Chant Link and Associates, Australia（2004）	存款账户，直接投资，房屋贷款，信用卡，个人贷款，建设保险和家庭保险
Treasury Committee, House of Commons, UK（2004）	信贷、储蓄
Scottish Government（2005）	获得金融产品和服务，以及（或者）能力，技能，知识和理解能力
United Nations（2006）	获得信贷，保险，储蓄，支付服务
Report of the Committee on Financial Inclusion in India（Chairman：C. Rangarajan）（2008）	以合适的成本获取及时的金融服务
World Bank（2008）	存款，信贷，支付，保险

资料来源：作者整理。

1.3　西部地区金融发展的包容性考察

1.3.1　西部地区的金融发展

自改革开放以来，西部地区的金融发展和全国一样，在规模、结构等方面都得到了快速发展。由于重庆数据的缺失，本书西部地区指的是：内蒙古、广西、四川、贵州、云南、西藏、陕西、甘肃、青海、宁夏、新疆等12个省、市、区。以全部金融机构存款和贷款余额为例，西部地区的存款余额从1978年的2893395.03万元增加到2008年的765415900万元，年均增长达到20.43%；金融机构贷款余额从1978年的3865400.86万元增加到2006年的504792234万元，年均增长为17.63%（见图1－2），大大快于经济增长的速度。存款余额1978年占全国的比重为25.05%，2006年为16.41%，贷款占比1978年为20.45%，2008年为16.64%（见图1－3）。西部地区的金融相关比率从1978年的93.68%增加到2008年的218%（见图1－4）。

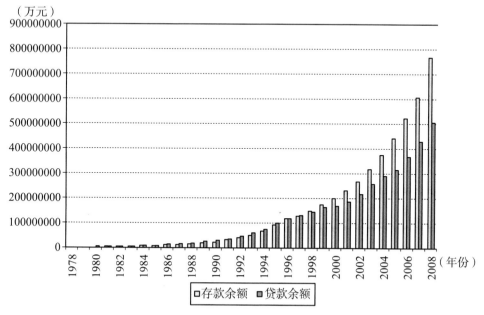

图1－2　西部地区存款余额和贷款余额走势

资料来源：作者据《新中国六十年统计资料汇编》相关数据计算绘制。

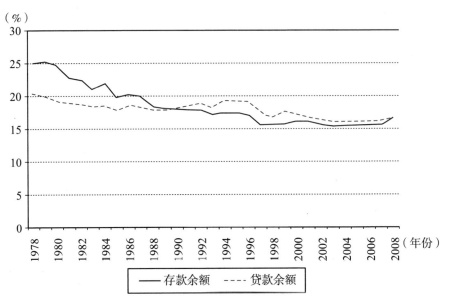

图1-3 西部地区存款和贷款占全国的比重

资料来源：作者据《新中国六十年统计资料汇编》相关数据计算绘制。

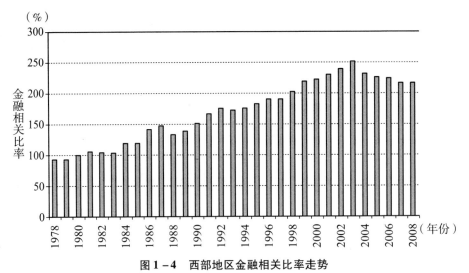

图1-4 西部地区金融相关比率走势

资料来源：作者据《新中国六十年统计资料汇编》相关数据计算绘制。

1.3.2 西部地区的金融发展与贫困、不平等的关系：理论框架

以前的大量研究主要集中在金融发展与人均 GDP 的关系上，而对于金融发展和收入分配以及减贫之间的关系研究很少。但是我们可以根据金融发展的分配效应来对减贫效果进行分析，在这里我们的基本思路就是：金融发展，加快经济增长，改善人民收入，从而减缓贫困。也就是说减贫效果可以通过金融中介的经济增长效应和收入分配改善来实现。金融体系最基本的功能就是促进储蓄有效率地转化为投资，实现金融资源有效率地配置，同时金融体系还有风险管理、流动性供给、价格发现、信息提供、提供激励等功能[1]，由此可以看出，促进经济发展和收入分配的改进，进而可以减少贫困（如图 1-5 所示）。

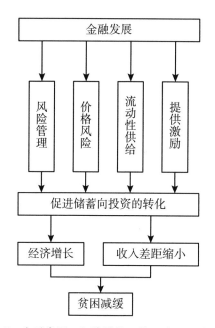

图 1-5 金融发展—经济增长—收入分配—贫困减缓

资料来源：郑长德（2007）。

为了从形式上更好地看出金融中介发展与减贫的关系，我们从贫困的度量和对贫困变动的分解开始[2]。

---

① ［美］兹维·博迪、罗伯特·C·莫顿：《金融学》，中国人民大学出版社 2000 年版。

② ［美］马丁·瑞沃林著：《贫困的比较》，赵俊超译，北京大学出版社 2005 年版，第 50~51、80~81 页。

一般地，贫困度量指数可以写成：

$$P = P(z/u, L) \qquad (1.1)$$

其中，z 代表的是贫困线，u 代表平均收入，L 代表由洛伦兹曲线测定的收入不平等指数。

贫困的变化可以被分解为三个部分的和：经济增长的影响（假定洛伦兹曲线不移动而观察到的贫困变化）、收入再分配的影响（假定平均收入水平不变化而观察到的贫困变化）和残差（经济增长和收入再分配影响的交互作用）。

考虑两个时点贫困的变化，P_t 是 t 时的贫困指数，P_{t-1} 是（t－1）时的贫困指数，则这两个时点贫困指数的变化可以分解为：

$$\Delta P = P_t - P_{t-1} = (\Delta P)_t + (\Delta P)_R \qquad (1.2)$$

其中，$(\Delta P)_G$ 表示的是洛伦兹曲线不移动时，平均收入由 u_{t-1} 变为 u_t 时，贫困度量指数的变化量，反映的是经济增长的减贫效应，定义为 $(\Delta P)_G \equiv P(z/u_{t-1}, L_{t-1})$。

$(\Delta P)_t$ 表示的是平均收入不变时，洛伦兹曲线由 $(\Delta P)_{t-1}$ 移动到 L_t 时，贫困度量指数的变化量，反映的是收入再分配的减贫效应，定义为 $(\Delta P)_t \equiv P(z/u_{t-1}, L_{t-1})$。

$(\Delta P)_R$ 表示的是残差部分，反映了经济增长和收入再分配的相互作用对减贫的影响。

如果贫困线下穷人的收入 Y_p，Y_p 可以写成是人均国内生产总值（GDP）和洛伦兹曲线 L 的函数：

$$Y_p = F(Y, L) \qquad (1.3)$$

公式中 Y 表示人均 GDP。

差分得：

$$Y_{p,t} - Y_{p,t-1} = (Y_t - Y_{t-1}) + (L_t - L_{t-1}) \qquad (1.4)$$

其中，$(Y_t - Y_{t-1})$ 表示的是经济增长的减贫效应，$(L_t - L_{t-1})$ 表示的是收入分配变化的减贫效应。

对于本章使用的贫困发生率来讲，其变化可以写成：

$$P_t - P_{t-1} = f[(Y_t - Y_{t-1}), (L_t - L_{t-1})] \qquad (1.5)$$

其中 P 是贫困发生率指标。

从上面的分析我们可以看出，一个经济体贫困的减缓取决于该经济体的经济增长状况、收入分配的变化、经济增长与收入分配的相互作用以及其他有利于（或不利于）减贫的各种因素。金融发展促进经济的增长，改进收入分配，从而减缓贫困。西部地区贫困发生率走势如图 1－6 所示。

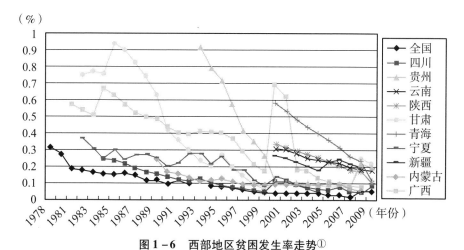

图1-6　西部地区贫困发生率走势①

资料来源：作者据《新中国五十五年统计资料汇编》和各省统计年鉴相关数据计算绘制。

1.3.3　西部地区的金融发展与贫困、不平等的关系：描述性分析

根据贫困与各变量之间的关系图，我们发现，西部地区贫困率与金融相关比率、农业贷款比率、城乡收入差距都存在负向关系，如图1-7、图1-8、图1-9所示。

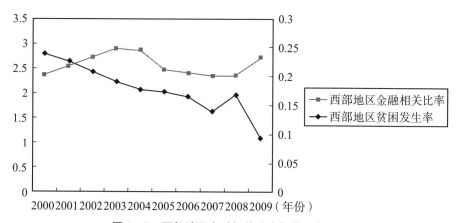

图1-7　西部地区金融相关比率与贫困发生率

资料来源：作者据《新中国五十五年统计资料汇编》和各省统计年鉴相关数据计算绘制。

---

① 由于各省的统计数据存在缺失，在此各省的时间范围有所差别，全国（1978～2009年）、四川（1984～2009年）、贵州（1993～2009年）、云南（2000～2009年）、陕西（2000～2009年）、甘肃（1982～2009年）、青海（2000～2009年）、宁夏（1982～2004年）、新疆（2000～2008年）、内蒙古（1989～2008年）、广西（1981～2008年）。

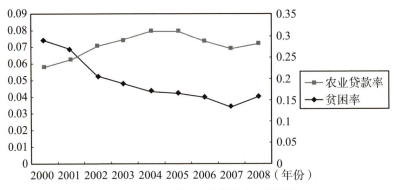

图1-8 西部地区农业贷款率与贫困率

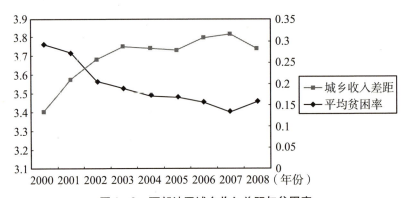

图1-9 西部地区城乡收入差距与贫困率

资料来源：作者据《新中国五十五年统计资料汇编》和各省统计年鉴相关数据计算绘制。

为更好地分析各省（市、区）各变量与贫困发生率之间的相关关系，这需要我们进行相关性分析，结果如表1-3所示。

表1-3　　　　　　　　各省（市、区）各变量相关系数矩阵

	变量	P	AFIR	CR	PCGRP	FIR
四川	P	1	-0.65	-0.74	-0.70	-0.60
	AFIR	0.65	1	-0.47	-0.64	-0.37
	CR	-0.74	-0.47	1	0.41	0.35
	PCGRP	-0.70	-0.64	0.41	1	0.67
	FIR	-0.60	-0.37	0.35	0.67	1

续表

	变量	P	AFIR	CR	PCGRP	FIR
贵州	P	1	− 0.60	− 0.42	− 0.60	− 0.92
	AFIR	− 0.60	1	0.78	0.60	0.83
	CR	− 0.42	0.78	1	0.68	0.67
	PCGRP	− 0.60	0.60	0.68	1	0.72
	FIR	− 0.92	0.83	0.67	0.72	1
云南	变量	P	AFIR	CR	PCGRP	FIR
	P	1	− 0.82	0.07	− 0.95	− 0.83
	AFIR	− 0.82	1	− 0.29	0.89	0.51
	CR	0.07	− 0.29	1	− 0.30	0.32
	PCGRP	− 0.95	0.89	− 0.30	1	0.62
	FIR	− 0.83	0.51	0.32	0.62	1
陕西	变量	P	AFIR	CR	PCGRP	FIR
	P	1	0.76	− 0.80	− 0.96	0.76
	AFIR	0.76	1	− 0.13	− 0.75	0.86
	CR	− 0.80	− 0.13	1	0.66	− 0.27
	PCGRP	− 0.96	− 0.75	0.66	1	− 0.84
	FIR	0.76	0.86	− 0.27	− 0.84	1
甘肃	变量	P	AFIR	CR	PCGRP	FIR
	P	1	− 0.67	− 0.77	− 0.66	− 0.94
	AFIR	− 0.67	1	0.60	0.51	0.69
	CR	− 0.77	0.60	1	0.82	0.75
	PCGRP	− 0.66	0.51	0.82	1	0.63
	FIR	− 0.94	0.69	0.75	0.63	1
青海	变量	P	AFIR	CR	PCGRP	FIR
	P	1	− 0.73	− 0.93	− 0.96	− 0.45
	AFIR	− 0.73	1	0.57	0.64	0.51
	CR	− 0.93	0.57	1	0.84	0.46
	PCGRP	− 0.96	0.64	0.84	1	0.24
	FIR	− 0.45	0.51	0.46	0.24	1

续表

	变量	P	AFIR	CR	PCGRP	FIR
宁夏	P	1	−0.53	−0.33	−0.91	−0.89
	AFIR	−0.53	1	0.38	0.60	0.59
	CR	−0.33	0.38	1	0.49	0.57
	PCGRP	−0.91	0.60	0.49	1	0.94
	FIR	−0.89	0.59	0.57	0.94	1
	变量	P	AFIR	CR	PCGRP	FIR
新疆	P	1	0.03	0.46	−0.43	−0.02
	AFIR	0.03	1	0.58	−0.83	0.78
	CR	0.46	0.58	1	−0.79	0.65
	PCGRP	−0.43	−0.83	−0.79	1	−0.81
	FIR	−0.02	0.78	0.65	−0.81	1
	变量	P	AFIR	CR	PCGRP	FIR
内蒙古	P	1	0.20	−0.70	−0.62	−0.54
	AFIR	0.20	1	−0.32	−0.45	0.08
	CR	−0.70	−0.32	1	0.81	0.18
	PCGRP	−0.62	−0.45	0.81	1	−0.22
	FIR	−0.54	0.08	0.18	−0.22	1
	变量	P	AFIR	CR	PCGRP	FIR
广西	P	1	0.08	−0.66	−0.78	−0.59
	AFIR	0.08	1	−0.33	−0.23	−0.19
	CR	−0.66	−0.33	1	0.79	0.76
	PCGRP	−0.78	−0.23	0.79	1	0.61
	FIR	−0.59	−0.19	0.76	0.61	1

资料来源：作者计算。

通过上面的分析我们可以看出，对于四川省来说，贫困发生率与农业贷款存在正相关关系，而与城乡差距、人均生产总值和金融相关指数存在负相关关系；贵州的贫困发生率与农业贷款、城乡差距、人均生产总值和金融相关比率都存在负相关，并且与金融相关比率的负相关达到92%；云南的贫困发生率与城乡差距存在较小的正相关，而与农业贷款、人均生产总值和金融相关比率则存在较大的负相关；陕西的贫困发生率与农业贷款和金融相关比率都存在正相关，且都在76%，与城乡差距和人均生产总值存在负相关；甘肃、青海、宁夏的贫困发生率与贵州类似，其都与农业贷款、金融相关比率、城乡差距和人均生产总值存在负相关；新疆的贫困发生率与农业贷款、城乡差距有正相关，而与人均生产总值、金融相关比率存在负相关；内蒙古和广西则类似，其贫困发生率与农业贷款存在正相关，而与其他三个变量存在负相关。

1.4　西部地区金融发展与贫困、不平等关系的实证研究

1.4.1　中国金融包容性指数的设计

根据前面研究中一些研究者提到的衡量金融包容性的指标进行综合，在此我们综合选取了9个指标来作为我国金融包容性的9个维度，见表1-4，我们采取的方法是对各指标进行赋值逐步累加法。对每一个事件进行赋值。其赋值标准如下：代表金融包容性特征的一般事件为0.5，重大事件或一般政策法规为1，重大政策法规实施为2，允许几项事件或政策合并在一起赋值，若有与金融包容性反其道的事件或政策实行，则赋值为负。赋值的资料来源是根据《中国金融改革开放大事记》、西部各省的《金融年鉴》《新中国六十年统计资料汇编》《中国金融年鉴》，以及中国人民银行网站、证监会网站、银监会网站等的资料进行整理所得。其所得的金融包容性集成量化表，如表1-5所示。

表1-4　　　　　　　　中国包容性金融发展评估指标

指标名称	指标说明
银行账户（机构网点）	指很容易就能办理一个账户
即时信用	银行是给公众提供即时信用
储蓄及理财产品	指储蓄及理财产品的多样化发展
汇款及付款服务	指给公众提供汇款及支付服务
保险	指医疗保险的大量普及
抵押	指抵押担保业务的出现
金融咨询服务	指满足公众需求的金融咨询服务的发展
创业贷款	指公众容易获取创业贷款
能力	指公众承担获取金融产品和服务的能力

资料来源：作者整理。

表 1-5　　　　　　　　　　　中国包容性金融集成量化表

年份	开设银行账户	即时信用的提供	储蓄及理财产品的多样化	支付服务方便	保险	抵押业务发展	金融咨询服务方便	创业贷款容易	承担金融产品服务的能力强
1978	1	0	0	0	0	0	0	0	0
1979	1	0	1	1	0	0	0	4	0
1980	1	0	1.5	1.5	0	0	0	6	0
1981	2	0.5	2	1.5	1.5	0	0	7.5	0
1982	2	0.5	2	1.5	2	0	0	8	0.5
1983	2	0.5	2	1.5	2.5	0	0	6.5	0.5
1984	3	0.5	2	3.5	3.5	0	0	8	0.5
1985	4	2	3	3.5	4.5	1	0	7	0.5
1986	4.5	2	4	7	4.5	2	0	7	1.5
1987	4.5	2	7	7.5	5.5	2	0	8	1.5
1988	4.5	2	7.5	7.5	5.5	3	0	10	1.5
1989	4.5	2	9	7.5	8	2	0	10	1.5
1990	4.5	2	10.5	9.5	11	2	1	10	1.5
1991	4.5	2	10.5	10.5	11.5	3	1	10.5	1.5
1992	4.5	2	12	10.5	12	4	1	10.5	3
1993	5	3	12	15	12	4	1	11.5	3
1994	6	4	12	17	12	5	1	11.5	3
1995	6	6	13	18.5	14	7	3	11.5	3
1996	6	8	13	22	15	9	5	11.5	3
1997	6	8.5	14	23	15.5	8.5	6	11.5	3
1998	6	9.5	17	23	16	8.5	6	12	4
1999	6	9.5	17	24	18	8.5	6	14	5
2000	8	9.5	17	27	18.5	9	6	14	5
2001	10	9.5	17	28	19	9	6.5	14	5
2002	10	9.5	17	28	20	9	8	14	5
2003	10	9.5	17	28	20	9	8	14	6
2004	12	12	19.5	28	20	9	8	14	8
2005	12	12	19.5	28	20	9	10	14	10

续表

年份	开设银行账户	即时信用的提供	储蓄及理财产品的多样化	支付服务方便	保险	抵押业务发展	金融咨询服务方便	创业贷款容易	承担金融产品服务的能力强
2006	14	14	19.5	28	20	9	10	16	12
2007	14	15	19.5	28	20	10	10	18	12
2008	16	12	18	28	22	10	10	16	12
2009	17	7	21	28.5	23	11.5	10.5	14	13.5

资料来源：作者根据相关年份的金融事件进行赋值所得。

上面我们已经对各指标进行量化，得到了一个涵盖这 9 个维度的综合指标，接下来我们采取主成分分析方法来计算中国金融包容指数。对上述金融包容集成量化表中的数据利用 SPSS 软件进行处理，结果如表 1-6 所示。

表 1-6　　　　　　　　中国金融包容性指数总方差分解表

Component	Initial Eigenvalues			Extraction Sums of Squared Loadings		
	Total	% of Variance	Cumulative %	Total	% of Variance	Cumulative %
1	8.247	91.632	91.632	8.247	91.632	91.632
2	0.357	3.965	95.597			
3	0.186	2.067	97.664			
4	0.114	1.271	98.936			
5	0.034	0.381	99.316			
6	0.026	0.284	99.600			
7	0.023	0.258	99.858			
8	0.007	0.076	99.934			
9	0.006	0.066	100.000			

Extraction Method：Principal Component Analysis.
资料来源：作者估计。

在表 1-6 中我们可以看到只有一个指标的特征值大于 1，根据主成分的准则，我们保留这一变量，并且贡献率达到了 91.632%，超过了一般规定的 60%。因此在这我们选取因子 1 作为主成分因子就可以了。在图 1-10 的碎石图中我们也不难看出，其因子 1 到因子 2 的特征值变化是非常明显的，之后的各特征值趋于平稳。这也就说明了我们对原有变量的信息描述中，因子1取得显著作用。但是由于其他各指标对信息的解释作用或多或少都存在一些作用，为了指数的计算更具有确切性，我们会利用各指标在解释信息中的贡献率进行加权计算，得到最后的金融包容性指数。

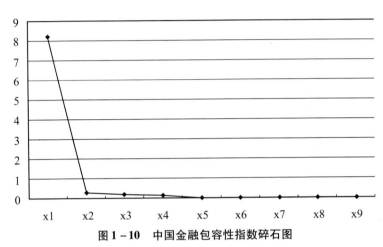

图 1 - 10　中国金融包容性指数碎石图

资料来源：作者绘制。

接下来我们通过加权各指标求出金融包容性指数 FA（如表 1 - 7 所示）：

$$FA = fac1 \times 91.632\% + fac2 \times 3.965\% + fac3 \times 2.067\% + fac4 \times 1.271\%$$
$$+ fac5 \times 0.381\% + fac6 \times 0.284\% + fac7 \times 0.258 + fac8 \times 0.076\%$$
$$+ fac9 \times 0.066\%$$

表 1 - 7　　　　　　　　　　中国金融包容性指数

年份	包容指数	年份	包容指数
1978	0.3003	1986	2.1185
1979	0.4176	1987	2.3054
1980	0.4763	1996	4.3851
1981	0.8745	1989	2.4659
1982	0.8927	1990	2.6867
1983	0.8901	1991	2.7550
1984	1.2971	1992	2.8639
1985	1.7677	1993	3.2518

续表

年份	包容指数	年份	包容指数
1994	3. 7062	2002	6. 2759
1995	4. 0422	2003	6. 2837
1996	4. 3851	2004	7. 1746
1997	4. 5182	2005	7. 2231
1998	4. 7434	2006	7. 9828
1999	4. 8455	2007	8. 0802
2000	5. 7535	2008	8. 4444
2001	6. 2311	2009	8. 6352

资料来源：作者计算。

接下来我们绘出中国金融包容性指数的曲线图（如图 1 – 11 所示）。

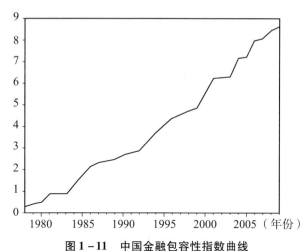

图 1 – 11　中国金融包容性指数曲线

资料来源：作者绘制。

从图 1 – 11 的走势中我们看出，自改革开放以来我国金融包容程度是上升的，在 1983 年以前比较缓慢，但 1983 年以后，曲线变得比较陡峭，但是从 2001 年开始，我国金融包容程度基本出现三年一个阶段的局面。

1.4.2　西部地区金融包容性指数的构建

由于我国经济结构和金融结构存在地域性的特征，因此区分我国地区经济和金融发展很有必要，相对而言，我国西部地区金融发展较东部地区落后，在前面我们是根据全国的金融事件进行赋值计算得到的包容值，但实践证明，很多政策的实施和落实在西部地区具有滞后性的特点，因此我们将重新根据西部地区的情况计算金融包容值，如表1-8所示。

表1-8　　　　　　　　　　中国西部地区金融包容集成量化表

年份	开设银行账户	即时信用的提供	储蓄及理财产品的多样化	支付服务方便	保险	抵押业务发展	金融咨询服务方便	创业贷款容易	承担金融产品服务的能力强
1978	0.5	0	0	0	0	0	0	0	0
1979	0.5	0	0	0	0	0	0	0	0
1980	1	0	1	0	0	0	0	0	0
1981	1	0.5	1	0	0.5	0	0	0	0
1982	1	0.5	1	1	0.5	0	0	1	0.5
1983	1	0.5	1	1	1	0	0	1	0.5
1984	1	0.5	1	1	1	0	0	1	0.5
1985	1	1	1.5	1	1.5	1	0	1.5	0.5
1986	1.5	1	1.5	2	1.5	1	0	1.5	1
1987	1.5	1	2	2	1.5	1	0	2	1
1988	1.5	1	2.5	2	1.5	1	0	2	1
1989	1.5	1	2.5	2	3	1	0	2	1
1990	1.5	1	3	3.5	3.5	1	1	2	1
1991	1.5	1	3	4	4	1	1	2.5	1
1992	1.5	1	3	4	4.5	1.5	1	2.5	1.5
1993	2	1.5	3	4.5	4.5	1.5	1	3	1.5
1994	2.5	1.5	3	5	4.5	2	1	3	1.5
1995	2.5	2	3	5.5	5	2.5	1.5	3	1.5
1996	2.5	2.5	3	6	5	3	1.5	3	1.5
1997	2.5	3	3.5	6	5.5	2.5	2	3	1.5
1998	2	3	5	5	6	2.5	2	4	2
1999	2	3	5	5	6	2.5	2	4.5	2.5
2000	2	3	5	5	6.5	3	2	4.5	2.5

续表

年份	开设银行账户	即时信用的提供	储蓄及理财产品的多样化	支付服务方便	保险	抵押业务发展	金融咨询服务方便	创业贷款容易	承担金融产品服务的能力强
2001	2	3	5	5	7	3	2.5	4.5	2.5
2002	2.5	4	5	5	7.5	3	3	4.5	2.5
2003	4	4	5	8	8	3	3	4.5	3
2004	4	6	8	8	8	3	3	4.5	4
2005	4	6	8	8	8	3	4	4.5	5
2006	4	8	8	8	8	3	4	5	6
2007	4	10	8	10	10	3.5	4	9	10
2008	4	6	7	11	12	5	4	10	6
2009	5	4	10	12.5	16	7	4.5	11	7

资料来源：作者根据西部地区各金融事件赋值所得。

通过对上述的赋值利用 SPSS 对其进行分析得到方差分解表，如表 1－9 所示。

表 1－9　　　　　　　中国西部金融包容性指数总方差分解表

Component	Initial Eigenvalues			Extraction Sums of Squared Loadings		
	Total	% of Variance	Cumulative %	Total	% of Variance	Cumulative %
1	8.206	91.181	91.181	8.206	91.181	91.181
2	0.412	4.581	95.762			
3	0.170	1.884	97.646			
4	0.088	0.976	98.622			
5	0.055	0.608	99.230			
6	0.032	0.351	99.581			
7	0.021	0.237	99.818			
8	0.011	0.127	99.945			
9	0.005	0.055	100.000			

Extraction Method：Principal Component Analysis.
资料来源：作者计算。

从表1-9中我们看到，只有因子1的特征值是大于1的，且贡献率达到了91.181%，接下来我们根据主成分分析方法计算西部地区金融的包容指数，结果如表1-10所示。

表1-10　　　　　　　　　　　　西部地区金融包容指数

年份	包容指数	年份	包容指数
1978	0.1528	1994	1.3666
1979	0.1528	1995	1.4446
1980	0.3499	1996	1.5020
1981	0.3946	1997	1.5676
1982	0.4421	1998	1.4769
1983	0.4547	1999	1.4864
1984	0.4547	2000	1.5082
1985	0.5458	2001	1.5288
1986	0.7345	2002	1.7663
1987	0.7625	2003	2.3377
1988	0.7774	2004	2.6063
1989	0.8226	2005	2.6295
1990	0.9217	2006	2.7707
1991	0.9562	2007	3.0986
1992	0.9817	2008	2.8907
1993	1.1885	2009	3.4144

资料来源：作者计算所得。

图1-12表明，我国西部地区自改革开放以来，金融的共享程度是缓慢上升的，甚至在1998～2002年这一阶段出现减少的局面，这应该是因为在1998年之后国有银行大量机构网点退出县域的原因，在2003年开始才出现较快发展，趋势线也变得陡峭起来。总体而言，金融在西部地区，对民众的惠普程度发展较慢。

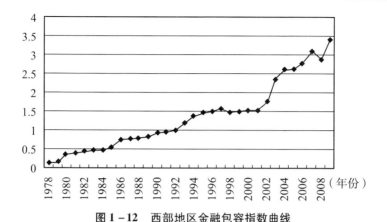

图 1 - 12　西部地区金融包容指数曲线

资料来源：作者计算绘制。

与全国相比而言，我们发现西部地区金融的共享程度要比全国低得多，如图 1 - 13 所示。

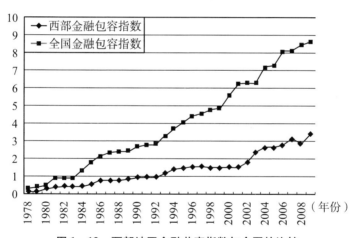

图 1 - 13　西部地区金融共享指数与全国的比较

资料来源：作者计算。

1.4.3　西部地区金融共享度与经济增长的关系

在此我们要对金融包容程度与经济增长进行相关的实证研究，在一般传统的实证方法中，我们假定所有的时间序列是平稳的，但现实是很多序列数据是非平稳的，因而为避免出现伪回归，我们先对各变量进行平稳性检验。本章用到的是人们常用到的 ADF 检验法，其中 FA 代表的是金融包容指数，PCGDP 代表的是人均国内生产总值，检验结果如表 1-11 所示。

表 1-11   单位根检验结果

变量名称	检验形式 （C，T，L）	ADF 统计量	1%水平 临界值	5%水平 临界值	10%水平 临界值	是否 平稳
lnFA	（C，T，7）	-2.369579	-3.661661	-2.960411	-2.619160	否
ΔlnFA	（C，T，7）	-5.366183	-3.670170	-2.963972	-2.621007	是
lnPCGDP	（C，T，7）	1.263572	-3.661661	-2.960411	-2.619160	否
ΔlnPCGDP	（C，T，7）	-4.492997	-3.670170	-2.963972	-2.621007	是

注：（C，T，L）表示的是检验模型有截距项、趋势项和滞后阶数。
资料来源：作者计算。

通过上面我们的平稳性检验得知，在原有序列不平稳的情况下，经过差分调整过后，两个序列都在 1% 的显著水平下平稳。即金融包容指数与经济增长时间序列变量一阶单整。接下来我们可以对这两个变量之间进行因果检验，在此我们用到的是传统常用的格兰杰因果检验方法，其得到的结果如表 1-12、表 1-13 所示。

表 1-12   格兰杰因果关系检验结果（滞后阶为 1）

原假设	F 统计值	P 概率值	检验结果
lnPCGDP 不是 lnFA 的格兰杰原因	6.55718	0.01613	拒绝原假设
lnFA 不是 lnPCGDP 的格兰杰原因	2.72051	0.11024	接受原假设

资料来源：作者计算。

表 1-13   格兰杰因果关系检验结果（滞后阶为 2）

原假设	F 统计值	P 概率值	检验结果
lnPCGDP 不是 lnFA 的格兰杰原因	15.8750	3.5E-05	拒绝原假设
lnFA 不是 lnPCGDP 的格兰杰原因	1.04174	0.36766	接受原假设

资料来源：作者计算。

通过上面我们的格兰杰因果关系检验得知，无论是在滞后阶数为 1 或 2，ln-PCGDP 不是 lnFA 的格兰杰原因这一原假设都被拒绝，其 P 值都小于 0.05，lnFA 不是 lnPCGDP 的格兰杰原因这原假设则被接受，所以看出在西部地区金融包容指数与人均 GDP 之间存在单向的格兰杰因果关系，也就是说西部地区金融的发展并没有对经济的增长起到促进的作用，反而是经济的增长在推动着金融的发展。

下面还要对这两个变量之间进行协整检验。由于金融包容指数与人均 GDP 是存在一阶单整的，在此基础上我们要检验这两者之间是否存在协整关系。在传统的检验方法中，对于两个变量之间的协整关系，一般用到的检验方法是 EG 两步法，而对于多变量之间进行的协整用到的是约翰森（Johansen）检验法。因此在此我们用到的 EG 两步法进行的检验如下：

我们首先进行回归模型的估计为：

$$\ln PCGDP = \alpha + \beta \ln FA + e_t$$

其中，人均 GDP 为因变量，金融包容指数 FA 为自变量，α 为常数，β 为系数，e_t 为误差项。

我们得到方程：

$$\ln PCGDP = 7.609 + 1.472 \ln FA + e_t$$

$$R^2 = 0.917 \quad \overline{R}^2 = 0.914$$

对残差进行单位根检验，结果如表 1 - 14 所示：

表 1 - 14 残差单位根检验结果

变量名称	检验形式 (C, T, L)	ADF 统计量	1% 水平 临界值	5% 水平 临界值	10% 水平 临界值	是否 平稳
ecm	(C, 0, 1)	- 5.361405	- 3.699871	- 2.976263	- 2.627420	是

资料来源：作者计算。

由表 1 - 14 可知，在 5% 的显著水平下，t 统计量值为 - 5.361405，小于相应的临界值，表明残差序列不存在单位根，是平稳序列，说明 PCGDP 和 FA 之间存在协整关系。

最后我们可建立误差修正模型如下：

$$\Delta \ln PCGDP = \alpha + \beta_1 \Delta \ln FA + \beta_2 ecm$$

得到方程：

$$\Delta \ln PCGDP = -0.019229 + 0.682311 \Delta \ln FA - 0.007366 ecm$$

$$t = (-0.479274) \quad (6.024123) \quad (6.51E + 14)$$

$$R^2 = 0.555828 \quad \overline{R}^2 = 0.540512 \quad DW = 1.765646$$

上述估计结果表明，西部地区人均 GDP 的变化取决于金融包容度的变化，且 lnGDP 对 lnFA 的弹性为 0.682311，对误差修正项的弹性为 - 0.007366。

综合上面我们的实证结果，西部地区经济的发展在很大程度上推动着金融的发展，而在金融发展的过程中，对经济发展效应并不明显，出现金融效率低下的局面。同时，我们的实证结果也表明，其实在西部地区经济增长和金融发展之间是起到相互促进作用的，经济的发展对金融服务的要求更具多样化，而金融的发展又会给经济增长带来一定的促进作用，如图1-14所示。

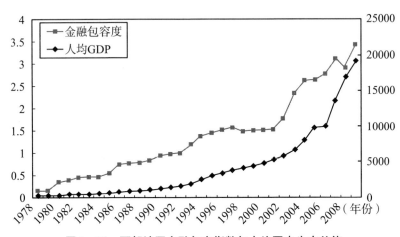

图1-14　西部地区金融包容指数与人均国内生产总值

资料来源：作者计算绘制。

1.4.4　西部地区金融包容度与贫困的关系

金融的发展并不意味着大众对金融的共享度就高。实践表明，金融发展的差距在我国是很明显的，而对金融资源的利用也存在不平等的特征。从全国的区域划分来看，金融资源的集中主要在东部，中部次之，西部最少；从社会的收入层次来看，金融资源的享用大多都集中在富裕阶层，低收入阶层对金融资源的利用率很低；从城乡结构而言，金融资源又主要集中在城市，乡村的金融资源十分稀少。这样在西部地区，无论是从区域角度还是收入层次而言，其都处于金融发展薄弱的地位，在本来就薄弱的金融发展上，广大低收入的阶层和农村地区对金融资源的利用就更显得稀少。在此，我们就出现了一个问题，那就是低收入阶层对金融资源的共享度问题，接下来我们将会对其进行一些研究探索。

西部地区在改革开放以来获取的减贫效果是显著的，特别自21世纪以来，随着经济的发展，减贫成就也越来越大，但是否与金融发展存在一定关系，接下来我们对其进行实证分析，其中FA代表金融包容指数，P代表贫困率。

1.4.4.1　单位根检验

单位根检验结果如表 1 – 15 所示。

表 1 – 15　　　　　　　　　　　单位根检验结果

变量名称	检验形式（C，T，L）	ADF 统计量	1% 水平临界值	5% 水平临界值	10% 水平临界值	是否平稳
lnFA	（C，T，1）	− 0.993694	− 4.420595	− 3.259808	− 2.771129	否
ΔlnFA	（C，0，0）	− 3.110011	− 2.937316	− 2.006292	− 1.598068	是
lnP	（C，T，1）	− 0.834138	− 4.582648	− 3.320969	− 2.801384	否
ΔlnP	（C，T，1）	− 12.82732	− 4.582648	− 3.320969	− 2.801384	是

注：（C，T，L）表示的是检验模型有截距项、趋势项和滞后阶数。
资料来源：作者计算。

我们通过对变量进行平稳性检验，发现在原有序列不平稳的情况下，通过差分调整后，序列都在 1% 下显著。

1.4.4.2　因果检验

两个变量的高度相关，也不能认为其中一个是另外一个变量变动的原因。因此我们有必要在此对变量进行因果检验，在传统的因果关系检验中，格兰杰因果关系检验是一种常用的方法。其结果如表 1 – 16、表 1 – 17 所示。

表 1 – 16　　　　　格兰杰因果关系检验结果（滞后阶为 1）

原假设	F 统计值	P 概率值	检验结果
lnFA 不是 lnP 的格兰杰原因	3.75719	0.10067	接受原假设
lnP 不是 lnFA 的格兰杰原因	0.36826	0.56619	接受原假设

资料来源：作者计算。

表 1 – 17　　　　　格兰杰因果关系检验结果（滞后阶为 2）

原假设	F 统计值	P 概率值	检验结果
lnFA 不是 lnP 的格兰杰原因	0.58647	0.60956	接受原假设
lnP 不是 lnFA 的格兰杰原因	2.07361	0.27194	接受原假设

资料来源：作者计算。

格兰杰因果检验结果表明，金融包容程度与贫困率的降低彼此都不存在因果关系。而在前面我们对变量的检验结果是平稳的，所以接下来我们对其进行协整分析。

首先对序列进行协整估计，建立的回归模型为：

$$\Delta \ln P = \alpha + \beta \Delta \ln FA + \varepsilon$$

其中，P 是贫困率，FA 是金融包容指数，α 为常数项，β 为系数，ε 为误差项。

得到方程：

$$\Delta \ln P_t = -1.070927 - 0.794402 \Delta \ln FA_t + \varepsilon_t$$

接下来我们对残差序列的 DF 检验结果如表 1 – 18 所示。

表 1 – 18　　　　　　　　　　　　残差单位根检验结果

变量名称	检验形式 (C, T, L)	ADF 统计量	1% 水平 临界值	5% 水平 临界值	10% 水平 临界值	是否 平稳
ecm	(C, 0, 0)	– 2.142919	– 2.847250	– 1.988198	– 1.600140	是

资料来源：作者计算。

在 5% 的显著水平下，t 检验统计值为 – 2.142919，小于相应的 10% 水平下的临界值，从而拒绝 H_0，表明残差序列不存在单位根，是平稳序列，说明金融包容程度（FA）与贫困减缓（P）之间存在协整关系。表明两者之间有长期的均衡关系，从短期来看，可能会出现失衡，为了增强模型的精度，可以把前面的协整回归模型的误差项 ε_t 看着是均衡误差，然后建立的修正模型结构如下。

$$\Delta \ln P_t = \alpha + \beta \Delta \ln FA_t + \gamma e_{t-1} + \varepsilon_t$$

最终得到的误差修正模型的估计结果为：

$$\Delta \ln P_t = -0.051481 - 0.635841 \Delta \ln FA_t - 0.4517285 e_{t-1}$$
$$t = (-1.295669) \quad (-2.091022) \quad (5.301351)$$
$$R^2 = 0.875577 \quad \overline{R}^2 = 0.834102 \quad DW = 0.847937$$

上述估计结果表明，贫困率的变化不仅取决于金融包容度的变化，而且还取决于上一期贫苦率降低对均衡水平的偏离，误差项 e_{t-1} 估计的系数 – 0.4517285 体现了对偏离的修正，即系统存在误差修正机制。以下是西部地区金融包容指数与贫困率的两轴折线图，见图 1 – 15。

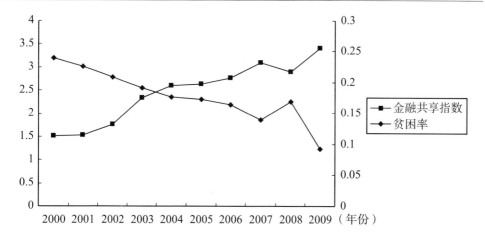

图 1 - 15   西部地区金融包容指数与贫困率的两轴折线图

资料来源：作者计算绘制。

1.4.5   西部地区金融包容度与城乡差距

前面我们已经说到，金融的发展并不代表金融包容度就一定增加，接下来我们将要对金融包容度与城乡差距进行一些实证分析。

1.4.5.1   单位根检验

单位根检验结果如表 1 - 19 所示。

表 1 - 19　　　　　　　　　　单位根检验结果

变量名称	检验形式 （C，T，L）	ADF 统计量	1%水平 临界值	5%水平 临界值	10%水平 临界值	是否 平稳
lnFA	（C，T，1）	- 0.993694	- 4.420595	- 3.259808	- 2.771129	否
ΔlnFA	（C，0，0）	- 3.110011	- 2.937316	- 2.006292	- 1.598068	是
lnCR	（C，0，0）	- 4.845041	- 4.420595	- 3.259808	- 2.771129	是

注：（C，T，L）表示的是检验模型有截距项、趋势项和滞后阶数。
资料来源：作者计算。

单位根检验结果表明，在金融包容指数通过差分调整后达到了平稳，而城乡收入差距 CR 在原序列就平稳。

1.4.5.2   格兰杰因果检验

格兰杰因果关系检验结果如表 1 - 20、表 1 - 21 所示。

表 1 – 20 格兰杰因果关系检验结果（滞后阶为 1）

原假设	F 统计值	P 概率值	检验结果
lnFA 不是 lnCR 的格兰杰原因	1.3E – 06	0.99913	接受原假设
lnCR 不是 lnFA 的格兰杰原因	3.54427	0.10876	接受原假设

资料来源：作者计算。

表 1 –21 格兰杰因果关系检验结果（滞后阶为 2）

原假设	F 统计值	P 概率值	检验结果
lnFA 不是 lnP 的格兰杰原因	1.78289	0.30885	接受原假设
lnP 不是 lnFA 的格兰杰原因	2.79467	0.20642	接受原假设

资料来源：作者计算。

格兰杰检验结果表明，金融包容度 FA 与城乡收入差距 CR 之间不存在因果关系。

1.4.5.3 协整检验

我们对序列进行协整估计，建立的回归模型为：

$$\Delta lnCR = \alpha + \beta \Delta lnFA + \varepsilon$$

其中，CR 代表城乡收入差距，FA 代表的是金融包容度，α、β 代表的是系数，ε 表示误差。

通过 Eviews 软件的分析，得到方程：

$$\Delta lnCR_t = 1.217908 + 0.105747 \Delta lnFA_t + \varepsilon_t$$

残差单位根检验结果如表 1 –22 所示。

表 1 –22 残差单位根检验结果

变量名称	检验形式 (C, T, L)	ADF 统计量	1% 水平临界值	5% 水平临界值	10% 水平临界值	是否平稳
ecm	(C, 0, 0)	– 3.082929	– 4.582648	– 3.320969	– 2.801384	是

资料来源：作者计算。

结果显示，在 5% 的显著水平下，残差单位根检验在 10% 的水平临界值下是平稳的，这说明长期看来，城乡差距与金融包容度之间存在均衡关系。

1.4.5.4 误差修正模型

为修正短期可能存在的误差，我们估计的修正模型为：

$$\Delta \ln CR_t = \alpha + \beta \Delta \ln FA_t + \gamma e_{t-1} + \varepsilon_t$$

最后得到的方程为：

$$\Delta \ln CR_t = 0.007452 + 0.065153 \Delta \ln FA_t - 0.685429 e_{t-1}$$
$$t = (0.952578) \quad (0.087666) \quad (2.028462)$$
$$R^2 = 0.466793 \quad \overline{R}^2 = 0.289058 \quad DW = 1.581594$$

这也就表明了城乡收入差距的变化受金融包容度变化的影响，其误差修正系数为 0.685439。以下是西部地区城乡收入差距与金融包容度，如图 1 – 16 所示。

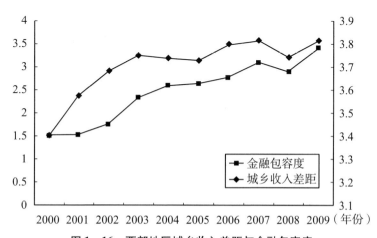

图 1 – 16　西部地区城乡收入差距与金融包容度

资料来源：作者计算绘制。

1.5　结论与政策建议

本章研究了西部地区包容性金融的发展与贫困减缓、不平等之间的关系。主要结论是：

第一，改革开放以来，我国金融包容度逐步加深，西部地区也是如此，但是相对于全国的包容水平，西部地区的包容度还较低。

第二，实证研究表明，西部地区金融的发展并没有对经济增长起到很大的促进作用，相反，是经济增长在推动着金融的发展。

第三，西部地区金融包容度与贫困率的降低之间不存在格兰杰因果关系。

第四，在西部地区，小企业的融资难没有得到解决，大多数小企业的发展都不同程度地受到缺乏资金的限制，企业的规模、类型和抵押物等都在很大程度上影响着企业的借款。

第五，西部地区低收入阶层，特别是贫困阶层对金融的享受不高，很多家庭及个人甚至没有金融产品，由于社会地位不高，这些群体的信用往往很低，同时，由于本身的贫困，很多家庭及个人达不到进行金融融资所需要的条件，这样，大多数人活在金融之外，被金融所排斥。

西部地区的发展，特别是在减贫和降低不平等方面的工作，在金融方面，要加大金融的普惠力度。首先，要实现金融发展模式的多元化，推进低层次金融发展。其次，特别是对于低收入阶层而言，需要充分发挥政策性金融的作用，建立更加完善的信用担保机制，为低收入阶层和小企业的融资提供适当的金融服务。最后，需要政府放松管制，加快金融机构向低端业务进行扩展，同时，适当允许一些小型的金融机构存在，发展小额信贷业务，建立专门为适应低收入阶层和小企业融资的包容性金融体系。

在经济增长方面，要实现惠及穷人的经济增长，在总体经济规模得到增长的同时，要不断提高经济增长质量，使大多数人能从经济增长中获取利益。加强收入分配的调节，努力缩小东西部之间、城乡之间的各种差距。

本章参考文献

［1］于俊年. 计量经济学［M］. 对外经济贸易大学出版社，2007.

［2］邓翔. 经济趋同理论与中国地区经济差距的实证研究［M］. 西南财经大学出版社，2003.

［3］成思危. 成思危论金融改革［M］. 中国人民大学出版社，2006.

［4］年鉴编辑部. 中国金融年鉴，2008.

［5］刘树成. 中国地区经济发展研究［M］. 中国统计出版社，1994.

［6］刘艳春等. 计量经济学［M］. 北京大学出版社，2008.

［7］李志辉. 中国银行业的发展与变迁［M］. 上海人民出版社，2008.

［8］肖红叶，顾六宝. 中国经济增长与政策选择——基于经济增长计量模型的研究［M］. 中国统计出版社，2007.

［9］陈先勇. 中国区域金融发展与区域经济增长［M］. 武汉大学出版社，2005.

［10］陈伯君. 西部大开发与区域经济公平增长［M］. 中国社会科学出版社，2007.

［11］陈金明. 金融发展与经济增长：兼论中国金融发展与经济增长问题［M］. 中国社会科学出版社，2004.

［12］林毅夫. 中国经济专题［M］. 北京大学出版社，2008.

［13］国家统计局. 2008年中国统计年鉴［M］. 中国统计出版社，2008.

［14］国家统计局. 新中国五十五年统计资料汇编［M］. 中国统计出版社，2005.

［15］罗伯特·J. 巴罗，哈维尔·萨拉伊马丁著. 何晖，刘明星译. 经济增长［M］. 经济科学出版社，2007.

［16］庞浩. 计量经济学［M］. 科学出版社，2006.

［17］郑长德. 中国区域金融问题研究［M］. 中国财政经济出版社，2007.

［18］郑长德．中国转型时期资本市场与经济增长［M］．中国方正出版社，2005．

［19］赵彦云．宏观经济统计分析［M］．中国人民大学出版社，1999．

［20］贾俊平．统计学［M］．中国人民大学出版社，2004．

［21］殷孟波．西部大开发资金渠道问题研究［M］．中国金融出版社，2006．

［22］魏后凯等．中国地区发展——经济增长、制度变迁与地区差异［M］．经济管理出版社，1997．

［23］［加］杰格迪什·汉达．郭庆旺等译．货币经济学［M］．中国人民大学出版社，2007．

［24］王小鲁．关于中国经济增长的讨论［J］．经济学季刊，2002（2）：11．

［25］刘强．中国经济增长的趋同性分析［J］．经济研究，2001（6）．

［26］蔡昉，王德文．比较优势差异、变化及其对地区差异的影响［J］．中国社会科学，2002（5）．

［27］魏后凯．中国地区经济增长及其趋同性［J］．中国工业经济，1997（3）．

［28］Abel, Andrew and Olivier Blanchard（1983）．"An Intertemporal Equilibrium Model of Saving and Investment," Econometrica, 51, 3（May）．

［29］Aghion, Philippe and Peter Howitt（1992）．"A Model of Growth through Creative Destruction," Econometrica, 60, 2（March）．

［30］Ashraf, Nava, Dean Karlan, and Wesley Yin. 2003. "A Review of Commitment Savings Products in Developing Countries." Asian Development Bank, Manila, Philippines.

［31］Ayyagari, Meghana, Aslı Demirgüç – Kunt, and Vojislav Maksimovic. 2006a. "How Important Are Financing Constraints? The Role of Finance in the Business Environment." Policy Research Working Paper 3820, World Bank, Washington, D. C.

［32］Barro, R. J. and X. Sala – I – Martin, 1992. Public Finance in Models of Economic Growth. Review of Economic Studies 59.

［33］Barro, Robert J. & Sala – I – Martin（1992（B））. Regional Growth and Migration：A Japan – United States Comparison. Journal of the Japanese and International Economy, Vol. 6, No. 4（December）, pp. 312 – 346.

［34］Boyreau – Debray, Genevieve. 2003. "Financial Intermediation and Growth—Chinese Style." Policy Research Working Paper 3027, World Bank, Washington, D. C.

［35］Clarke, George, L. Colin Xu, and Heng-fu Zou. 2006. "Finance and Income Inequality：What Do the Data Tell Us?" Southern Economic Journal 72（3）：578 – 596.

［36］COMMISSION ON GROWTH AND DEVELOPMENT, The Growth Report：Strategies for Sustained Growth and Inclusive Development, www. growthcommission. org.

［37］Deaton, Angus. 2005. "Measuring Poverty in a Growing World（or Measuring Growth in a Poor World）." Review of Economics and Statistics 87（1）：1 – 19.

［38］Detragiache, Enrica, Poonam Gupta, and Thierry Tressel. 2006. "Foreign Banks in Poor Countries：Theory and Evidence." Working Paper 06/18, International Monetary Fund, Washington, D. C.

［39］Dr. K Ravichandran, Dr. Khalid Alkhathlan Assistant Professor, King Saud University, Saudi Arabia. "INANCIAL INCLUSION: A path towards India's future economic growth", 10 – 16.

［40］Emran, M. Shahe, AKM Mahbub Morshed, and Joseph Stiglitz. 2006. "Microfi nance and Missing Markets." Working Paper, Columbia University, Department of Economics, New York.

［41］Financial inclusion: credit, savings, advice and insurance, Twelfth Report of Session 2005 – 06: 13 – 29, 39 – 47.

［42］Financial Stability and Payment Systems Report 2006, Bank Negara Malaysia.

［43］Fisher, Stanley, and William Esterly, 1990. The Economics of The Government Budget Constraint. The World Bank Research Observe 5 (2): 127 – 142.

［44］Fisman, Raymond J., and Inessa Love. 2003. "Trade Credit, Financial Intermediary Development, and Industry Growth." Journal of Finance 58 (1): 353 – 74.

［45］Galor, Oded, and Joseph Zeira. 1993. "Income Distribution and Macroeconomics." Review of Economic Studies 60 (1): 35 – 52.

［46］Gibson, John, Geua Boe – Gibson, Halahingano Rohorua, and David McKenzie. 2006. "Efficient Financial Services for Development in the Pacific." Working Paper, World Bank, Development Reseach Group, Washington, D. C.

［47］Honohan, Patrick, and Thorsten Beck. 2007. Making Finance Work for Africa. Washington, D. C.: World Bank.

［48］John Wakeman – Linn, Smita Wagh. 2008. Regional Financial Integration: Its Potential Contribution to Financial Sector Growth and Development in Sub – Saharan Africa: 20 – 22.

［49］Ledger wood Joanna. Microfinance: Sustainable Banking with the Poor, The World Bank Washington D. C. 2000.

［50］M. H. Suryanarayana, Inclusive Growth: What is so exclusive about it? http: //ssrn. com/abstract = 1297689.

［51］Ohn H. Cochrane. *Time Series for Macroecnomics and finance.* Spring 1997, Graduate School of Business University of Chicago.

［52］Purti Sharma, "Financial Inclusion by Channelizing Existing Resources in India", 4 – 5.

［53］Rajshekar D. Micro Finance, Poverty, and Empowerment of Women: A case study of two NGOs from Andhra Pradesh and Karnataka, ISEC publications, Bangalore, 2004.

［54］Ravallion, M., and G. Datt, 2002. "Why Has Economic Growth Been More Pro – Poor in Some States of India than Others?" Journal of Development Economics 68 (2): 381 – 400.

［55］Ravallion, M., and S. Chen, 2003. "Measuring Pro-poor Growth." Economics Letters 78: 93 – 99.

［56］Roemer, J. E. 2006. Economic Development as Opportunity Equalization. Cowles Foundation Discussion Paper No. 1583, Yale University, New Haven. http: //ssrn. com/abstract = 931479.

［57］Shahid Yusuf. 2008. Development Economics through the Decades: A Critical Look at 30 Years of the World ［10］. Development Report, http: //publications. worldbank. org/ecommerce/catalog/product? item_id = 7014177.

［58］ V. Basil Hans, INNOVATIONS IN MICROFINANCE – LOOKING BEYOND INCOME POVERTY, 5 – 10.

［59］ World Bank. 2006. World Development Report 2006：Equity and Development, http：// go. worldbank. org/2A5GCSRQH0.

［60］ World Institute for Development Economic Research. 2007. World Income Inequality Database. Available：http//www. wider. unu. edu/wiid/wiid. htm.

第2章

地方政府融资平台公司
融资结构优化分析[*]

2.1 引　言

地方政府融资平台公司[①]的问题由来已久，在20世纪80年代就已出现，但在本次金融海啸之后，我国为应对国际经济形势和国内宏观经济变化，大量融资平台公司成立并引起社会各界广泛担忧。发改委、财政部、中国人民银行与银监会等部门频繁出台相关政策法规，清查地方政府债务问题。2011年6月27日，审计署公告了《全国地方政府性债务审计结果》2011年第35号（总第104号）。由于统计方法和口径的不同，此次审计署公布的全国地方政府性债务数据与之前央行和银监会公布的数据存在一定的差异，但此次审计结果全面详细地反映了全国地方政府性债务情况。详见表2-1：其中，LGFC接受审计数量为6576家，债务余额占总债务余额的46.38%，达到49710.68亿元，是最大的举债主体。详见表2-2、表2-3。

表2-1　　　　　　　　　我国地方政府性债务基本情况　　　　单位：亿元，%

名称	数额	比重
全国地方政府性债务余额	107174.91	100
东部11个省（直辖市）和5个计划单列市政府性债务余额	53208.39	49.65

---

* 四川省金融学会2012年重点项目成果。作者：郑长德、李海洋。

① 地方政府融资平台公司依照（财预〔2010〕412号）通知表述如下：由地方政府及其部门和机构、所属事业单位等通过财政拨款或注入土地、股权等资产设立，具有政府公益性项目投融资功能，并拥有独立企业法人资格的经济实体，包括各类综合性投资公司，如建设投资公司、建设开发公司、投资开发公司、投资控股公司、投资发展公司、投资集团公司、国有资产运营公司、国有资本经营管理中心等，以及行业性投资公司，如交通投资公司等。本书将地方政府融资平台公司简写为LGFC。

续表

名称	数额	比重
中部8个省政府性债务余额	24716.35	23.06
西部12个省（自治区、直辖市）政府性债务余额	29250.17	27.29
借款来源：主要是银行存款	84679.99	79.01

资料来源：《全国地方政府性债务审计结果》2011年第35号（总第104号），并经过整理得出。

表2-2　　　　　　　　LGFC 政府性债务类型与分布情况　　　　单位：亿元，%

债务类型	政府负有偿还责任	政府负有担保责任	其他相关	全国LGFC政府性	省级	市级	县级
债务余额	31375.29	8143.71	10191.68	49710.68	8826.67	26845.75	14038.26
比重	63.12	16.38	20.50	46.38①	17.76	54	28.24

资料来源：《全国地方政府性债务审计结果》2011年第35号（总第104号），并经过整理得出。

表2-3　　　　　　　　　　　　　LGFC 详细情况

名称	家数	备注
分布规模	6576	至2010年底，全国省、市、县三级政府共设立的融资平台公司总数中，省级165家；市级1648家；县级4763家
经营范围	3234	政府建设项目融资功能为主
	1173	兼有政府项目融资和投资建设功能
	2169	还进行其他经营活动
债务偿还问题	358	通过借新还旧方式偿还政府负有担保责任的债务和其他相关债务1059.71亿元，借新还旧率平均为55.20%
	148	存在逾期债务80.04亿元，逾期债务率平均为16.26%
典型问题	1033	存在虚假出资、注册资本未到位、地方政府和部门违规注资、抽走资本等问题，涉及金额2441.5亿元
	1734	出现亏损，约占26.37%

资料来源：《全国地方政府性债务审计结果》2011年第35号（总第104号），并经过整理得出。

---

① 2010年底，全国地方政府性债务余额107174.91亿元，地方融资平台公司政府性债务余额49710.68亿元，其占地方政府性债务余额的46.38%。

审计报告指出，LGFC 不仅数量多、债务规模大，而且管理不规范、盈利能力较弱。LGFC 过度负债融资问题引起了政府部门、监管层和学术界的高度重视与广泛关注，政府和监管部门不断下发政策通知，进行风险提示和监管指引，并提出了具体的规范清理办法。众多学者提出了一系列 LGFC 债务预警模式、风险化解路径和债务约束机制等建议。另有一些学者，从现代金融市场中获得启发，借鉴国外成熟经验，探索研究发行地方政府债券、市政债券、资产证券化、项目融资等融资方式的可能性和发展策略。

规范清理后的 LGFC 将接受公司法、破产法等法律约束，设立独立法人，改善股权结构，实现商业运作，但公益性和地方政府主导等特征仍使它区别于一般意义上的现代公司，所以传统的公司金融理论对于分析 LGFC 融资结构具有一定的局限性，这需要广大研究者不断努力探索，发展研究适合我国新形势下的公司金融理论。而本章研究 LGFC 融资结构的目的主要在于为那些与 LGFC 融资有契约关系的各相关利益者、相互作用机制、成本与收益以及公司融资结构与公司价值的关系提供一种理论解释和预言，在实践中为 LGFC 的资本运营、优化融资结构和改进治理结构提供理论指导。本章是问题导向型的，同时理论探讨的视角是全新的。

2.2 相关研究与文献综述

本章理论逻辑来源于资本结构理论中的权衡理论（资本结构理论→新古典资本结构理论→权衡理论→扩展的权衡理论），为了全面剖析本章的理论逻辑，我们在本部分将简要综述各阶段具有代表性的资本结构理论文献，而后对这些理论在我国的适用性进行分析，最后我们对权衡理论文献中的含义与扩展性以及不足之处进行梳理，并提出扩展的权衡理论是最适合解释 LGFC 资本结构现状与未来趋势的观点。

2.2.1 资本结构理论简述[①]

资本结构理论主要包括两个具体问题：

Q1. 公司以负债代替部分权益资本以后能够增加股东的收益吗？

Q2. 如果可以增加股东的收益，公司适度的负债额是多少？

对这两个问题的不同回答形成了不同的资本结构理论。自 20 世纪 50 年代以来，在资本结构领域积累了大量丰富的文献，内容十分庞杂。根据这些文献讨论

[①] 详细内容参考郑长德：《企业资本结构理论与实证研究》，中国财政经济出版社 2004 年版。

的重点、运用的方法，可以把资本结构理论划分为三个大的发展阶段：古典的资本结构理论阶段（或传统的资本结构理论）、新古典资本结构理论阶段和现代资本结构理论阶段。

1. 古典的资本结构理论（classical structure theory）。[1]

（1）净收益理论（the net income approach）。净收益理论认为采用负债融资总是有利的。由于债务资本的成本比较低，所以当财务杠杆提高时，加权平均资本成本便更低，并逐渐接近债务资本成本，当两者相等时，负债占 100%，公司的资本成本最低，公司价值最大。

（2）净经营收益理论（the net operating income approach）。净经营收益理论假设投资者以固定利率计算公司的净经营收益（EBIT），公司能够以一个固定利率取得所需的全部负债。该理论认为，增加成本较低的债务资本，同时会增加公司的风险，使得权益资本成本提高，因此，加权平均成本不变。所以，无论公司的财务杠杆如何，其加权平均资本成本不变，从而企业价值不变。此时不存在最优资本结构，所有的资本结构都可以视为最佳资本结构。

（3）传统理论（the traditional theory，又称折衷理论）。传统理论是介于净收益理论与净经营收益理论之间的折衷理论，该理论假设投资者视公司在一定限度内的债务比例是"合理和必要的"，并假设各种资本成本都要随资本结构的变动而变化，但变化的速率不同。因此，加权资本成本先降后升，公司价值先升后降，故公司存在一个最佳的资本结构，就出现在加权平均资本成本最低点时。

2. 新古典资本结构理论（new classical structure theory）。

古典资本结构理论由于缺乏行为意义，在理论界没有得到认可和进一步发展研究，但它们为后来的资本结构理论研究提供了思路。1958 年是资本结构理论研究中一个重要的分水岭，美国经济学家莫迪利亚尼（F. Modigliani）和米勒（H. P. Miller）在著名论文《资本成本，公司金融和投资理论》中提出了 M—M 定理，奠定了公司资本结构理论的基石。从 1958 年到 20 世纪 70 年代中期，资本结构的研究都是以 M—M 理论为基础的，研究重点侧重于现金流的配置，视证券（主要是债券和股票）为外生给定，关注是什么决定了公司发行证券的相应资本量。因此，这一阶段的资本结构理论可称为新古典资本结构理论。

（1）M—M 理论。原始的 M—M 理论是在一系列严格假设条件[2]下提出的，该理论对资本结构的研究实际上涉及到资本结构选择与公司价值的关系、股东收

---

[1]　戴维·杜兰德（David Durand）于 1952 年在美国国家研究局上提交的论文《企业债务与权益成本计量方法的发展和问题》中将古典资本结构理论划分为三种类型。

[2]　由于篇幅有限，具体假设条件不在此赘述。但理解 M—M 理论的关键，就是弄清楚其众多严格假设条件的含义，后来资本结构理论的研究过程可以说是不断放松和完善 M—M 理论假设条件的过程。

益与财务杠杆之间的关系及公司投融资决策之间的关系。

定理 1：任何公司的平均资本成本与它的资本结构完全无关，并且等于它所属类的一个纯权益流量的资本化率。

定理 2：公司可以通过改变资本结构改变股权收益率，股权收益率与公司负债率正相关；投资者可通过投资决策改变公司资本结构，从而改变自身财富的分布。

定理 3：公司投资决策与公司融资决策相互独立。

原始 M—M 理论证明简单但意义重大：它奠定了现代资本结构理论的基础；提示了实物资产对公司价值的实质性影响和作用；提出的"无套利（no—arbitrage）"分析方法，对后来的微观金融理论的发展和金融工程的兴起产生了巨大的影响。

（2）有公司税的 M—M 理论。原始的 M—M 理论忽略了税收、破产成本和公司利益相关主体间的利益冲突，为此，莫迪利亚尼（F. Modigliani）和米勒（H. P. Miller）于 1963 年首先引入了公司所得税对 M—M 定理进行修正，提出了有公司税时的 M—M 理论。

命题 1：负债公司的价值等于相同风险等级的无负债公司的价值加上赋税节省的价值。负债越多，公司价值越大。公司的最佳资本结构是 100% 的负债。

命题 2：有公司税时，负债公司的股权成本等同于同一风险等级中某一无负债公司的股权成本加上根据无负债公司的股权成本和负债成本之差以及公司税率所决定的风险溢价。

（3）Miller 模型[①]。默顿·米勒（Merton H. Miller）于 1976 年在 *Debt and Taxes* 一文中系统阐述了公司所得税、个人所得税对公司债券和股票价值的综合影响，再次修正了 M—M 理论。该模型表明：只要公司免税优惠的纳税节约高于债权投资者的纳税损失，公司就会尽可能从纳税节约额中让出一部分给投资者，如提高债券利率以吸引资本，从而提高公司负债率，但这个过程将在均衡税率实现时停下了。如果公司税率提高，则资本将从股票向债券转移，公司负债率提高；如果个人所得税率提高，资本将从债券向股票转移，公司负债率降低。这样，米勒（Miller）从一个角度解释了公司没有无限扩大负债率的原因。

（4）权衡理论[②]。公司不无限扩大负债融资的另一个解释是，随着负债增加而使公司破产成本风险上升。因此，认为公司资本结构就是在负债的税收收益与破产成本之间进行权衡（trade—off）。考虑此种权衡的资本结构理论叫作权衡理

---

① 米勒（Miller）的研究是以 1986 年美国《税收改革方案》以前为背景的，那时股息所得税远远低于利息所得税。

② 我们在本小节只是先做简单评述，随后在本部分的第三小节将专门综述权衡理论相关内容。

论，它是资本结构理论在 20 世纪 70 年代中期的重要发现。

权衡理论认为，负债公司市场价值等于无负债公司市场价值加上节税现值，再减去财务危机成本。最优资本结构取决于一点，即预期负债的边际税收收益等于预期负债的边际成本。权衡理论引入均衡概念，使公司资本结构具有了最优解的可能性，从而为现代公司资本结构理论研究提供了一种新思路。

3. 现代资本结构理论。[①]

1976 年，延森（Jensen）和梅克林（Meckling）划时代意义文章的发表，把公司的资本结构与公司的所有权结构相关联，从代理成本角度研究了企业的资本结构，使资本结构研究与公司理论、信息经济学相联系，以 M—M 为核心的新古典资本结构理论框架出现了里程碑式的转折，以信息不对称理论为中心的新资本结构理论开始取代旧资本结构理论，它一反新古典资本结构理论只重视"税收"、"破产"等外部因素对公司最优资本结构的影响的传统，力图通过"信息""代理"等概念从公司外部因素来开展资本结构问题的分析，从而把权衡难题转化为结构和制度设计问题。

（1）代理成本模型。资本结构的代理成本模型是由延森（Jensen）和梅克林（Meckling，1976）开创的，他们把代理成本引入到现代金融理论的框架里。他们提出了两类利益冲突：股东与经理之间的利益冲突及股东和债权人之间的利益冲突。最优资本结构则是债务源于代理成本的收益与成本平衡的结果。这一思想与权衡理论算是殊途同归。

若经理所拥有的公司股票份额越高，第一种利益冲突就越不容易发生。故他们指出公司通过负债的增加，可以增加经理对股票剩余的分享，减少了经理同股东之间冲突的损失，这构成负债融资收益。而由于债券合约给股票持有者投资是一种次优激励（从高风险投资造成的股票值的损失可能大于以损害债券持有者的利益而获得的股票值的补偿），当债券持有人能够准确地预期股票持有者将来的行为时，股票持有者将要承担债券持有者的成本。这样的结果即"资产替代效应[②]"，也就是债务融资的代理成本。

延森（Jensen）和梅克林（Meckling）主张，最优的资本结构可以通过用债务的代理成本交换债务的收益来获得。这一思想与权衡理论算是异曲同工吧。

（2）非对称信息模型。信号模型是现代资本结构理论近几十年来发展最为迅速的一个派别。信号模型探讨在不对称信息下，公司怎样通过适当的方法向市场

---

① 米尔顿·哈里斯（Milton Harris）和阿图尔·拉维夫（Artur Raviv，1991）根据影响资本结构的因素为基础，把现代资本结构理论分为四种类型。

② 延森和梅克林（Jensen and Meckling，1976）称其为"资产替代效应"（asset substitute effect）。

传递有关公司价值的信号，以此来影响投资者的决策。

Ross 模型——债务比例的信号传递：罗斯（S. A. Ross，1977）放松了 M—M 理论的完全信心假定，最早系统地把非对称信息理论引入公司资本结构，建立了信号传递模型。该模型认为，对破产公司的经理加上"惩罚"约束，使低质量企业不敢更多地举债来模仿高质量公司，从而使资本结构成为可靠信息。而公司债务比例或者资产负债结构就是一种把内部信息传递给市场的信号工具。负债比例上升是一个积极的信号，负债比例下降是一个消极的信号。

Leland—Plye 模型——经理持股比率的信号传递：利兰（H. Leland）和普莱耶尔（D. Plye）于1977年在美国金融学年会上提交的"信息不对称、金融结构和金融中介"论文中提出的，他们认为在均衡状态下，经营者持有的股权比例将完全提示其项目的收益水平，经营者投资越多，传递的信息项目价值越高，从而企业的价值也越大。

M—M 融资顺序模型：梅尔斯（S. C. Myers）和迈基里夫（N. S. Majluf，1984）在以上信号传递模型基础上提出了"融资的强弱顺序模型"，指出企业的资本结构的设计是为了减少决策中信息不对称带来的无效率。梅尔斯（Myers，1998）是这样概括顺序偏好理论的：红利政策是"粘性"的；相对于外部融资而言，公司偏好内部融资，但是如果需要净现值为正的真实投资融资，公司也会寻求外部融资；如果确实需要外部融资，他们会首先发行风险最低的债券，即他们会先选择债务融资，其后才会考虑股权融资；当公司寻求更多的外部融资时，他们会按照顺序偏好的次序进行，从低风险债券到高风险债券，可能还包括可换股债券和其他准股票证券，最后才是股票。

（3）产品市场模型。考虑产品与投入品市场之间互相作用的资本结构理论研究中，大致分为两类模型。一种研究的是公司的资本结构与产品市场上的竞争战略之间的互动关系，比如布兰德（Brander）和刘易斯（Lewis，1986）。由于股票的期权性质，负债率的上升可能会引致股东采取高风险的投资策略。另一种考虑产品与投入品市场之间互相作用的资本结构模型是考察公司的资本结构与其产出品或投入品特征之间的关系。此类研究强调负债率会影响企业与客户或供应商之间的关系。比如蒂特曼（Titman，1984）提出公司破产可能会给其客户、雇员和供应商带来麻烦，这些群体没有权利参与公司的清盘决定，其中的代理成本会以公司产品的低价格或者投入品的高价格等形式转嫁到公司的股东身上。而选择合适的负债率可以提供适当的激励，使公司的破产决定，事前看是与价值最大化原则相一致。

（4）公司控制权模型。哈里斯（Harris）和拉维夫（Raviv，1988）、斯图斯（Stulz，1988）和以色烈（Israel，1991）在考虑公司控制权竞争的资本结构理论中都作出了重要的贡献。他们主要考察的是财务杠杆与公司控制权竞争之间的关系，及资本结构对控制权竞争结构的影响。总体上，资本结构的公司控制权模型主要着眼于公司在应对迫在眉睫的控制权争夺中可能采取的资本结构的一些短期变动。而其并不涉及资本结构的长期特征，但这又是资本结构研究的焦点问题。所以，考虑公司控制权竞争的模型并不是主流的资本结构理论。

2.2.2　资本结构理论在我国的适用性分析

虽然半个多世纪以来，围绕公司资本结构和融资政策的理论非常丰富和深入，但这些理论模型的前提假设都是根据西方金融市场的实际而做出的，并对于这些理论的实证检验也主要是基于发达国家的市场数据。我国市场化改革的步伐虽快，但程度不够深入，我国国有公司与西方发达国家的公司面临的财政金融环境有巨大的差异，其融资政策如何受到内外经济因素的影响还有待于深入研究。鉴于研究主题的原因，我们这里主要对于我国 LGFC 的融资结构和政策展开讨论。

国内外许多研究者早已指出，我国地方政府在 LGFC 中"一股独大"的股权结构造成其股东控制权残缺、代理成本和激励约束机制钝化等问题，而扭曲的股权结构必然反映在公司的资本结构中。除此之外，我国 LGFC 的外部融资渠道还受到若干制度因素制约，同国外公众公司相比，我国 LGFC 的融资决策受外界约束过多。LGFC 的资本结构一方面反映了经营者在特定财务状况和投资机会基础上的相机抉择，同时很大程度上又是诸多外界制约因素共同作用的被动结果。正因为我国国有公司面临的内外部特殊性，所以说除了扩展的权衡理论，前面简述的其他资本结构理论目前在中国尚缺乏前提基础和作用机制，理论解释力不足。换一种说法，大部分资本结构理论所描述的资本结构决定因素在我国国有公司的特定环境下，可能只是次要的，或者尚未表现出来。下面我们依次将这些理论模型对解释 LGFC 资本结构的适用性进行简单的分析。

梅尔斯（S. C. Myers）和迈基里夫（N. S. Majluf, 1984）的融资顺序模型在发达国家影响非常大，它声称公司将遵循"内源融资—无风险负债—外部风险负债—发行新股"的融资顺序。从大量发达国家的研究结构看，该模型获得了相当广泛的实证支持，而且大多数公司财务经理的融资意愿顺序也是如此。另外，该模型的信息不对称假设前提与我国的实际情况也很符合，但在我国近两年大量猛增的 LGFC 中，上市的数量屈指可数，其不存在模型运行机制，而少有上市的 LGFC 也是重在资本市场融资，轻内源融资和债务融资。所以梅尔斯（S. C. Myers）和迈基里夫（N. S. Majluf, 1984）的融资顺序模型目前不适用我国 LGFC。由于 LGFC 信息披露制度的欠缺和道德风险问题的存在，所以罗斯（S. A. Ross，1977）与利兰（H. Leland）和普莱耶尔（D. Plye，1977）等提出的信号模型也失去了基础。

另一方面，哈里斯（Harris）和拉维夫（Raviv，1988）、斯图斯（Stulz，1988）和 Israel（1991）等考虑公司控制权竞争的资本结构模型对我国大多数 LGFC 而言不能说毫无用处，至少也是十分微弱的影响。首先，我国 LGFC 中绝大多数的股份高度集中于地方政府，民营机构股份通常都不能达到足以影响像经理人员去留这样重要决策的水平。其次，我国地方管理人才水平差异巨大，人才市场内竞争者本人的经营才能和股份所起的作用更是十分有限。相比之下，政治关系和个人身后利益集团的实力等外部因素在竞争规则中的地位要重要得多。在由众多地方关系网和集团力量编制而成的权利网中，经营者想通过变更股份来维持或争夺代理权，是根本不可能的事情。

我们认为，要解释我国 LGFC 融资结构决策和融资倾向，权衡理论的负债收益与成本分析思想最具借鉴意义。张云亭（2000）、田明（2001）和徐卫宇（2001）等学者同样认为，就我国转型经济的特点而言，用权衡理论来分析我国企业的资本结构，解释力会更加充分。而由于 LGFC 特有的所有权形式，经理人在职消费和资产替代效应都广泛存在，所以 LGFC 的代理成本问题也很突出。由于代理成本理论也是以衡量债务资本对两种代理成本不同方向作用来决定最优公司债务水平的，所以其逻辑思想同权衡理论是相同的。但是，传统的权衡理论只是从避税收益与破产成本之间进行权衡，这不足以体现 LGFC 负债融资的实际，所以我们最终认为扩展的权衡理论才是最适合解释 LGFC 融资结构现状与未来趋势的资本结构理论。

2.2.3 权衡理论的扩展性分析

传统权衡理论是说，在给定公司资产和投资计划不变情况下，一个公司的最优负债比例通常被看作在借债的成本与收益之间的平衡（Myers，1984）；一个公司的最优财务杠杆比率取决于一点，即预期负债的边际税收利益等于预期负债的边际成本（Masulis，1984）。权衡理论又分为传统权衡理论与扩展权衡理论。传统权衡理论的代表人物有罗比切克（Robichek，1967）、梅尔斯（Myers，1984）、鲁宾斯坦（Rubinstein，1973）、克劳斯（Kraus，1973）、斯科特（Scott，1976）等。罗比切克（Robichek）和梅尔斯（Myers，1966）指出在没有负债或者负债较少时，企业市场价值与企业负债杠杆成一种递增函数关系，但一旦财务杠杆持续扩展下去，企业价值最终要减少，债务结构的最优水平处于同财务杠杆边际递增相关的税收利益现值相等之点上。

在权衡理论之后，还存在扩展的权衡理论。它的显著特点是把米勒（Miller）

市场均衡模型与权衡理论协调起来，建立一个既联系破产成本主义和代理成本学说，又超出税差学派的统一的权衡理论模型（沈艺锋，1999）。主要代表人物是迪安基洛（De Angelo）和马苏利斯（Masulis）。迪安杰洛（De Angelo）和马苏利斯（Masulis，1980）通过市场价格和边际税率的双重关系，重新证明了企业存在一个内在的最优资本结构，从而为权衡理论补充了新的证据。该理论的其他学者基本上是对迪安基洛（De Angelo）模型的修正补充，如布拉德利（Bradley，1984），或者对其进行实证检验，例如马苏利斯（Masulis，1983）。

从广义概念上讲，整个公司资本结构理论的发展史都是在研究资本结构的成本与权益的权衡问题（沈艺锋，1999）。虽然传统权衡理论逻辑简单明快，在西方财务经理中有相当的市场，而且也不乏检验证据支持，但用它来解释中国企业的融资决策显然是过于简单（朱武祥、蒋殿春、张新，2003）。所以我们需要在保持权衡理论分析逻辑前提下，寻找适合 LGFC 融资特征和未来发展趋势的因素，从债务融资收益和成本两方面来扩展权衡理论。

2.3　地方政府融资平台公司债务融资的成本收益分析

根据前面对 LGFC 融资情况的直观描述，我们可以直观地看出近两年的 LG-FC 债务融资额占地方政府债务相当大的比重，LGFC 为什么会进行过度的债务融资？其负债融资对公司本身以及公司股东（地方政府）及自身有什么益处与弊端？为了更为准确地诠释 LGFC 融资中的过渡负债问题，我们结合现行 LGFC 融资中存在的特定问题，分析我国现行 LGFC 负债融资的收益与成本。

2.3.1　LGFC 负债融资的收益分析

2.3.1.1　响应中央政府政策号召，配套中央资金，获得中央外部激励

2007 年下半年以来，美国爆发的金融海啸蔓延全球，国际经济动荡不安。受此影响，我国宏观经济从 2008 年下半年开始大幅调整①。为防止经济出现大幅下滑，中央决定实行积极的财政政策和适度宽松的货币政策，货币信贷出现大幅增长。2009 年上半年，人民币新增贷款 7.4 万亿元，其中一个主要流向便是由地方政府融资平台所支持的固定资产投资项目。中央投资 4 万亿元，并要求地方政府配套 8 万亿元资金用于地方经济建设。另出台了一系列的政策文件②鼓励支持

---

①　如《国家发展和改革委员会关于当前进一步扩大内需促进经济增长的十项措施》；《国务院办公厅关于当前金融促进经济发展的若干意见》。

②　如《关于进一步加强信贷结构调整　促进国民经济平稳较快发展的指导意见》。

地方政府组建投融资平台。为此，各级地方政府积极创新发展理念，转变发展方式，打造出新形势下的统一的新型投融资平台，而资金大部分来源于银行贷款。毫无疑问，中央政策外部激励促使 LGFC 为地方经济和社会发展筹集资金，在加强地方基础设施建设以及应对国际金融危机冲击中发挥了积极作用。这是我国 LGFC 负债融资的最大收益。

2.3.1.2　发展地方经济以提高政绩，公司易获得地方政府支持

中央的外部激励正好刺激了地方政府发展地方经济的冲动，但碍于相关法律法规的约束和地方财政不足的窘态，以及大多 LGFC 是近两年刚成立的，所投项目收益尚不确定，所以其不具备银行要求的信用贷款资质和项目贷款要求现状。地方政府就通过各种变相担保等手段为 LGFC 增资输血，并利用地方行政权力影响银行贷款决策。关系型信贷的引入，增加了贷款的可能性，降低了 LGFC 融资的成本。LGFC 上马的大批基础设施项目、城市公共设施项目和地方发展龙头等项目都获得了当地政府和相关部门在政策、土地、资金等方面的大力支持，此灵活性收益也是 LGFC 负债融资的　大收益。

2.3.1.3　地方金融环境制约，债务融资优势被凸显

由于分税制改革后，地方政府财权与事权不均，地方财政吃紧，故投入给 LGFC 的自有资金就较少，加之 LGFC 投入的大多是具有公益性质的基础设施项目和地方龙头发展项目，投入大、期限长、利润平稳但较低，所以自身资本金不足就成为 LGFC 发展的"瓶颈"。根据审计署公报显示，区县一级的 LGFC 在地方债务余额中占有相当大的比重，而区县级 LGFC 所在地的金融发展水平较低，由于一系列的制约条件，LGFC 的项目资金几乎完全依靠银行贷款支持，而银行（特别是政策性银行）基于上级下达的贷款指导精神，也愿意在地方政府直接或隐性担保后，将资金以较低利率贷给 LGFC。虽然这一收益不算是 LGFC 主动负债的要求，但其也是 LGFC 负债融资中仅次于地方政府支持的负债收益，对 LGFC 融资决策的客观影响不容小觑。

2.3.1.4　税盾效应

传统权衡理论中，税盾效应是公司负债融资的最大收益，但在分析我国 LGFC 负债融资的收益时，税盾效应并不是最大的收益，因为 LGFC 并不会单纯因为负债避税而向银行过度借债，这不符合实际情况。但是，由于我国税制特点，债务利息可以在所得税前列支，所以 LGFC 负债融资一样产生税盾效应。由于我国企业所得税税率为25%，加之一系列的地方税收优惠政策，所以 LGFC 最多可以获得平均债务额1/4的免税收益。

2.3.2 LGFC 负债融资的成本分析

2.3.2.1 预算软约束问题①

在我国经济发展历史上，预算软约束问题是一个极为普遍而又严重的问题。无论是在传统的计划经济时代，还是在转型经济和社会主义市场经济时代，预算软约束问题都将持续存在。作为社会主义经济中一个重要的激励机制，预算软约束问题对我国各个时期的经济发展造成了严重的负面影响，如资源的不当配置和低效使用、员工的偷懒和普遍执行力低、短缺严重、普通缺乏创新、道德风险和代理问题盛行、高昂的监督成本。

按照倪铮、魏山巍（2006）的政府融资系统（government financing system）分析，我们认为，地方政府作为 LGFC 的股东，同样也是地方商业银行②的大股东，银行贷款就具有了财政资金的意味，这就意味着 LGFC 没有压力也没有动力还款。因为两个参与主体具有相同的股东，且是产权虚置的，这使得 LGFC 可以变相地利用政府的双重身份将不良资产包袱转移到国有银行，银行方面则依托最后的政府买单行为（如政府注资核销不良资产）转嫁风险。LGFC 负债融资产生的预算软约束问题是其最大成本。

2.3.2.2 财务困境成本

国内外众多学者都一致认为在 M—M 理论中，最严格的前提假设就是在完全的资本市场中，破产成本为零。这在现实中是不可能的，权衡理论则放松了这个严厉的假设，在资本结构研究中引入更加符合实际的破产成本，提出公司最优资本结构是在债务税盾收益与破产成本之间进行权衡抉择的结果。我国实行新破产法③以后，LGFC 不在单纯的只是受到公司法的约束，新破产法施行将一改过去 LGFC 在"政策性关闭破产"④下的庇护，其过度负债将会面临破产成本增加的

---

① 软预算约束（soft budget constraint problem）这一概念最初是由亚诺什·科尔奈（Janos Kornai）于 1980 年在其著作《短缺经济学》中提出的。科尔奈所定义的预算软约束的本意，是指在社会主义计划经济体制下，当企业入不敷出，发生亏损或者面临破产时，政府将会给予救援的现象。但是这一概念的应用已经远远超出了社会主义经济和转型经济的范畴，即使在市场经济中，政府对企业仍然可能存在软的预算约束。

② 地方商业银行多为地方财政和国有企业共同注资成立的，而实际控制人又多为地方政府。

③ 《中华人民共和国企业破产法》已由中华人民共和国第十届全国人民代表大会常务委员会第二十三次会议于 2006 年 8 月 27 日通过，规定自 2007 年 6 月 1 日起施行。该法 1994 年开始起草，历经 12 多次修改，是我国市场经济体制改革进程中具有标志性的一部法律。新破产法的施行意味着我国最后一部试行的法律——《中华人民共和国企业破产法（试行）》的谢幕。

④ 国有企业政策性关闭破产从 1994 年开始实施。对这些破产项目，国家实行特别政策，包括对破产财产认定和债务清偿顺序作出特殊规定，并给予财政支持。政策性关闭破产于 2008 年底退出历史舞台，这就意味着，今后国企只能依据企业破产法，选择市场化的退出机制。

威胁。在其他情况相同的条件下，潜在的财务困境可能性会限制 LGFC 过度地使用债务融资以获得融资收益。扩展的权衡理论认为财务困境成本不仅包括与破产程序有关的直接成本，而且包括诸如经营无效率或者放弃有利可图的投资机会等间接成本①。财务困境成本的存在会影响公司的价值。

2.3.2.3　代理成本

委托代理关系普遍地存在于所有者、管理者和债权人之间，其原因在于不同利益主体之间的利益冲突，则代理成本（agency cost）也是 LGFC 过度债务融资需要承担的重要成本。延森和梅克林（Jensen and Meckling，1976）模型揭示的两种代理成本都适用于 LGFC，这两种代理成本都根源于信息经济学中典型的道德风险（moral hazard）。第一种是因为地方政府无法对 LGFC 管理层行为进行全程跟踪和监督，由此产生的代理成本问题。由于 LGFC 高层大多是由上级行政委任的，其只愿意为自己的政绩和升迁努力，并谋取在职福利。因此，LGFC 过度负债的话，此类代理成本问题将会显得更加突出，股东将花费更多的监管费用来解决此问题。第二种是来自 LGFC 股东（地方政府）与债权人（银行）之间的利益冲突所产生的代理成本。股东在 LGFC 债务融资后，将负债资本投资于高风险高收益的投资项目，而放弃低风险低收益的投资项目。如果投资成功，扣除债权人获取的固定收益，其余收益全部由股东据为己有；如果投资失败，债权人则要承担部分损失。这种股东与债权人之间风险与收益的不对称导致股东热衷于从事资产替代行为。这样做，不仅导致了 LGFC 的资产在股东和债权人之间进行了不利于债权人的重新分配，而且会导致社会效益的净损失。

2.4　扩展的权衡理论模型

基于前面的分析，我们将现行 LGFC 融资结构的权衡模型，与传统权衡理论进行比较分析，之后结合我国目前 LGFC 运作特点和监管层对其未来发展要求等因素，对现行 LGFC 权衡模型进行适用性扩展，提出了优化 LGFC 融资结构模型的假设条件，最后在这些条件下，构建出优化的 LGFC 融资结构权衡模型。

---

① 后权衡理论的代表人物是黛蒙德（Diamond，1984）、梅尔斯（Mayers，1984）等，他们将负债的成本从破产成本进一步扩展到代理成本、财务困境成本和非负债税收利益损失等方面，另一方面，又将税收收益从原来所单纯讨论的负债税收收益引到非负债税收收益方面，实际上是扩大了成本和利益所包含的内容，把企业资本结构看成在税收收益与各类负债相关成本之间的平衡。

2.4.1　传统权衡理论的最佳资本结构与我国现行 LGFC 融资结构比较分析

在传统权衡理论的模型中，公司之所以愿意使用财务杠杆是因为负债融资在税收方面产生避税收益，而阻止公司无限利用负债融资获得避税收益的因素是伴随着高财务杠杆而来的破产成本以及代理成本的增加，因此，公司的最佳资本结构取决于避税收益与破产成本和代理成本之间的权衡。

通过前面部分的分析，我们了解到无论是 LGFC 服从政策指导还是出自自身利益最大化目的，现行 LGFC 负债融资所实际获得的收益都远大于其负债融资的成本，现在我们将逐步分析这一现状。

1. 我们用 RcD 表示 LGFC 负债融资的中央激励，由于我国 LGFC 是在地方政府面对地方建设资金压力，而又受限于担保法和预算法约束，才催生出来的一种融资经济实体，其身后的股东大多为地方政府与国营资产管理部门，在应对金融危机、响应中央经济发展的号召中迅速发展壮大，故中央激励在 LGFC 债务融资收益中所占份额最大。

2. RlD 表示 LGFC 负债融资的地方政府支持，LGFC 虽然是拥有独立法人资格的经济实体，但由于其特殊的所有权形式，LGFC 的经营目的、方式和范围都具有鲜明的行政特色，在负债发展地方经济、提供地方公共产品与服务时，容易获得地方政府及其相关部门的大力支持。

3. RfD 表示 LGFC 负债融资的灵活性收益，此部分收益更多的是因为地方金融环境的发展状况所决定的，也是具有普遍现实意义的一个收益，虽然不一定是 LGFC 负债融资的主因，但从目前来看，短时期内的 LGFC 负债融资确实比采取其他融资方式拥有更高的便利性。

4. RtD 表示 LGFC 负债融资的避税收益现值，避税收益是传统权衡理论中债务融资的最大收益部分①，由于我国相关法律法规规定负债利息可以在所得税前列支，而我国企业所得税税率为 25%，加之每个地方的 LGFC 还享有不同程度的税收优惠，这说明 LGFC 通过长期债务融资，最多可以获得相当于平均债务额 1/4 的免税利益。

5. CsD 表示 LGFC 负债融资的预算软约束成本，当债务积累到一定程度的时候，预算软约束成本问题才凸显出来，并随着负债融资额增加线性上升。

---

① 但国内外很多研究者后来的研究表明，避税收益作为公司债务融资最大收益的理由并不充分，特别是在美国 1986 年《税收改革方案》颁布后，避税收益失去了在权衡理论中的作用，这也促进了后来学者对权衡理论进行扩展。

6. CbD 表示 LGFC 负债融资的破产成本，一般而言，破产的可能性同公司的财务杠杆之间不存在线性函数关系，而是在公司负债超过一定界限后，破产的可能性会加速增加，因而，LGFC 破产的期望成本会随着负债融资的增加而加速递增。

7. CaD 表示 LGFC 负债融资的代理成本，同破产成本一样，代理成本也随着 LGFC 负债融资的增加而加速递增。

8. V 表示 LGFC 价值，Vu 表示无负债 LGFC 价值，D 为负债价值，R 表示负债收益，C 表示负债成本，t 为企业所得税率。上述 LGFC 负债融资的收益与成本如图 2－1 所示。

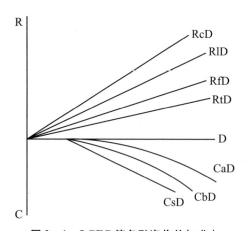

图 2－1　LGFC 债务融资收益与成本

资料来源：作者绘制。

综上可得出：LGFC 负债融资总收益 R（D）＝（Rc＋Rl＋Rf＋Rt）D
　　　　　　　LGFC 负债融资总成本 C（D）＝（Cs＋Cb＋Ca）

在考虑负债融资的收益和成本之后，我们现行 LGFC 的公司价值为：V＝Vu＋R（D）－C（D）

如此，LGFC 价值是负债融资的函数，负债融资额的多少，取决于负债融资收益与成本间的权衡，对上式求导，可以得到 LGFC 价值最大化的一阶条件：R′（D）＝C′（D），其中，R′（D）＝Rc＋Rl＋Rf＋Rt，C′（D）＝Cs＋Cb＋Ca，图 2－2 清楚地表明了最佳债务规模是如何决定的：

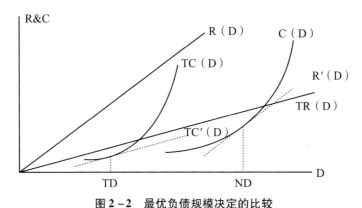

图2-2 最优负债规模决定的比较

资料来源：作者绘制。

在图2-2中，我们可以比较传统权衡理论所得到的最优负债水平与现行 LGFC 的最优负债水平。其中，TR（D）代表传统权衡理论中的避税收益，TC（D）代表传统权衡理论中的破产成本与代理成本，由公司价值最大化的一阶条件可得，最佳的负债融资水平在于负债的边际避税收益等于边际的破产成本和代理成本，即 TR = TC′（D），此时的最佳负债融资水平为 TD。图2-2中，R（D）位于 TR（D）的上方，说明现行 LGFC 负债融资收益大于传统权衡理论中负债融资的避税收益，这主要是 LGFC 的中央激励、地方政府支出以及灵活性收益过高的原因。C（D）曲线位于 TC（D）曲线的右侧，说明了现行 LGFC 债务融资成本低于传统权衡理论中负债融资的破产成本和代理成本，主要原因是我国 LGFC 特有的产权结构和预算软约束问题造成的。最佳的负债融资水平为 ND，此时通过 ND 点的切线 R′（D）同 R（D）平行，很显然，ND > TD，说明现行 LGFC 的最佳负债水平比传统权衡理论预测得要高，这主要是现行 LGFC 负债融资的收益和成本之间严重失衡所造成的，LGFC 无论是出于外因还是内因而过度负债，往往会获得大量的相关收益，而较低的负债成本约束使得 LGFC 在过度享受负债收益的同时忽略了因此带来的大量财政金融风险，可以推测，这样的失衡程度越高，LGFC 的负债程度就越高。

2.4.2 优化 LGFC 融资结构模型的前提假设条件

我们从 LGFC 负债融资的收益与成本失衡角度出发，提出在收益与成本两方面优化 LGFC 融资结构权衡模型的假设条件。这些假设条件提出的原则是合理降低 LGFC 负债融资的收益；合理提高 LGFC 负债融资的成本；突出中央与地方政府宏观调控政策与 LGFC 微观公司治理的趋势。模型假设前提如下：

A1：LGFC 持续经营且以股东（地方利益）利益最大化①为经营目标。

A2：地方金融环境建设良好，权益资本要求的报酬率要高于债务资本要求的报酬率。在某一时点上，LGFC 的资本总额一定，权益资本和债务资本之间的比例可以任意转换，且转换成本为零。在此假设前提下，讨论资本结构变动对公司价值的影响情况会更加直观和容易理解。

A3：LGFC 的 EBIT 是给定的，所以公司的融资决策和投资决策成为相互独立的事件，互不影响。

A4：中央激励附带约束条款以降低 LGFC 负债融资收益。约束条款主要包括：对 LGFC 进行分类清理（具体参见相关文件）；深化分权制后的财政体系改革（如将地方政府债务收支纳入预算管理），减少中央对地方经济"一刀切"式的过度干预；督促地方政府建立债务预警机制，从维护财政金融安全角度约束 LGFC 过度发债行为；转变目前的政绩考核机制（弱化中央对地方经济增速的评价考核，强化对结构优化、民生改善、资源节约、环境保护、基本公共服务和社会管理等综合评价考核），将此作为各级政府领导班子调整和干部选拔任用、奖励惩戒的重要依据，以此降低地方政府负债融资投资建设的预期收益。

A5：限制地方政府对 LGFC 负债融资的支持行为。在假设 A2 基础之上，严格执行预算法和担保法等相关法律法规规定，坚决制止地方政府以任何形式为 LGFC 融资行为提供担保（明确地方政府只在出资范围内对 LGFC 承担有限责任，实现 LGFC 债务风险内部化）。

A6：LGFC 资本金充足，金融机构按照商业化原则进行贷款审批。

A7：LGFC 负债融资存在避税收益。假定我国 LGFC 适用最高 25% 的企业所得税税率，债权人获得的利息收入和投资者从事股票交易所得收入（包括资本利得收入和红利收入）暂免征个人所得税。由于我国税制规定负债利息可以在所得税前列支，因而存在避税收益②。

A8：LGFC 负债融资将带来预算软约束问题。由于预算软约束问题是在我国经济发展中长期存在的，此假设符合实际情况。

A9：LGFC 负债融资将面临破产风险的威胁。由于《中华人民共和国企业破

---

① A1 中的股东（地方政府）利益最大化不是指目前地方政府的政绩考核机制，而是以 A4 中的综合评价考核为地方政府利益最大化标准。

② 米勒（Miller，1977）在"Debt and Taxes"一文中提出的包含企业所得税、个人所得税的模型指出，由于两种税率与负债率之间的反向关系，负债的避税收益会被部分甚至全部抵消。但由于我国税收制度的特点，不征收资本利得税，而且我国企业债券的发行规模较小，加之未来 LGFC 将严格商业化运作，各种形式的补贴减少，非债务避税能力将下降，因此，认为 LGFC 存在避税收益是现实的。

产法》的实施，破产制度已经建立，加之中央对 LGFC 清理政策的目标要求①，LGFC 作为拥有独立法人资格的经济实体，不断增加的财务困境成本则会抑制 LGFC 过度负债行为。

A10：LGFC 负债融资产生代理成本问题。目前 LGFC 扭曲的所有权形式，使得其在经济活动中带有过多的行政色彩，由此产生的资产替代效应很严重。未来 LGFC 将实现商业化运作，引进民间投资，促进投资主体多元化，如此将会产生双向代理成本问题。

2.4.3　优化的 LGFC 融资结构权衡模型

在上述假设条件之下，我们开始构建扩展的 LGFC 融资结构权衡理论模型。

我们用 V^* 表示优化的 LGFC 价值，Vu 表示无负债 LGFC 价值，D^* 为负债价值，$R(D^*)$ 表示负债收益，$C(D^*)$ 表示负债成本，t 为企业所得税税率，其中：

LGFC 负债融资的收益 $R(D^*) = RcD^* + RlD^* + RfD^* + RtD^* = (Rc + Rl + Rf + Rt)D^*$；

LGFC 负债融资的成本 $C(D^*) = CsD^* + CbD^* + CaD^* = (Cs + Cb + Ca)D^*$。

根据前面的假设条件，我们可知在本优化模型中：LGFC 负债融资的中央激励要小于优化前的程度，即 $RcD^* < RcD$；LGFC 负债融资的地方政府支持也要小于优化前的程度，即 $RlD^* < RlD$；LGFC 负债融资的灵活性收益同样小于优化前的程度，即 $RfD^* < RfD$；而 LGFC 负债融资的避税收益将大于优化前的程度，即 $RtD^* > RtD$。由此我们可知，LGFC 负债融资的收益将略小于优化前的程度，即 $R(D^*) < R(D)$。

LGFC 负债融资的预算软约束问题弊端在随着建立透明的 LGFC 负债融资预算机制之后会有所缓解，即 $CsD^* < CsD$；清查与治理措施使得 LGFC 负债融资的破产成本将高于目前的水平，这也是未来 LGFC 改革的必经之步，即 $CbD^* > CbD$；LGFC 负债融资的代理成本也将高于优化前的水平，以限制过度债务融资，即 $CaD^* > CaD$。由此我们可知，LGFC 负债融资的成本将高于优化前的程度，即 $C(D^*) > C(D)$。

在考虑优化的负债融资收益和成本之后，扩展的权衡理论模型②为：

$$V^* = Vu + R(D^*) - C(D^*)$$

---

① 依照国发〔2010〕第 19 号与财预〔2010〕第 412 号等文件的要求，未来 LGFC 必须严格按照有关法律法规经营，实现商业运作，受公司法和破产法等约束。未来 LGFC 破产成本将大于现行状况，故假设 A8 是合理的。

② 此扩展模型参考了（郑长德，2004）中的最优资本结构模型。

如此，同传统权衡理论的含义一样，LGFC 价值是负债融资的函数，负债融资额的多少，取决于负债融资收益与成本间的权衡，对上式求导，可以得到 LGFC 价值最大化的一阶条件：$R'(D^*) = C'(D^*)$，其中，$R'(D^*) = Rc + Rl + Rf + Rt$，$C'(D^*) = Cs + Cb + Ca$。当举债的边际收益与其边际成本达到均衡时，LGFC 价值在这一均衡点 PD^* 处达到最大化。图 2 – 3 清楚地表明了最优负债规模 PD^* 是如何决定的：

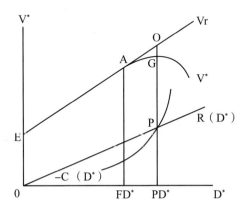

图 2 – 3 优化的 LGFC 融资结构权衡模型

资料来源：作者绘制。

在图 2 – 3 中，横轴 D^* 表示负债额，纵轴 V^* 表示 LGFC 价值；曲线 V^* 表示由扩展的负债融资收益与成本权衡决定的 LGFC 价值，斜线 Vr 表示不考虑负债融资成本情况下的 LGFC 价值；曲线 $-C(D^*)$ 表示债务融资的成本（因为债务融资成本与 LGFC 价值是反向关系，故在图 2 – 3 的第一象限中以负值呈现）；斜线 $R(D^*)$ 表示债务融资收益。

1. 当 $D^* = 0$ 时，$V^* = 0E = Vu$，即权益资本额，也是无负债 LGFC 价值。

2. 当 D^* 增加到 FD^* 时，$V^* = FD^*A$，在 FD^* 之前，债务融资成本尚未显现[①]，债务融资的收益效应使得 LGFC 价值 V^* 沿着斜线 Vr 线性增加，到债务增加到 FD^* 点时，债务融资成本开始显现，曲线 V^* 开始往斜线 Vr 下方偏移，FD^* 即临界债务规模点。

3. 当 $D^* = PD^*$ 时，在这一点上，举债的边际收益与其边际成本达到均衡，$R'(PD^*) = [-C(PD^*)]'$，$V^* = PD^*O - OG = PD^*G$（其中，PD^*O 表示不考虑

---

① 在增加到 FD^* 之前，虽有一小部分的监管成本产生，但其并非是因债务增加而发生的部分，而财务困境成本尚未发生，预算软约束问题也未显现，故在此之前债务融资成本尚未表现出来。

债务融资成本时所能达到的 LGFC 价值，OG 表示当 $D^* = PD^*$ 时债务融资成本的现值，而 PD^*G 则是真实的 LGFC 价值，这时的 LGFC 价值达到最大。

4. 当 $D^* > PD^*$ 时，$C(D^*) > R(D^*)$，债务融资的成本完全抵消了债务融资的收益，LGFC 价值开始下降。

由此可知，在双向优化 LGFC 债务融资收益和成本的假设条件下，扩展的 LGFC 融资结构权衡理论模型显示，必然存在着一个由负债边际收益和边际成本共同决定的合理的负债规模。进而我们推论，在严格按照扩展的权衡理论模型假设条件下，LGFC 的负债水平会因为负债收益和负债成本的权衡抉择而趋于稳定，而且是稳定在一个以最佳负债规模的 PD^* 为中值的区间内。

2.5　结　　论

我们通过将现阶段 LGFC 融资结构与传统权衡理论的最优资本结构比较分析之后，得出现行 LGFC 融资收益与融资成本严重失衡，是造成 LGFC 过度负债的直接原因。据此，我们在融资收益和融资成本两方面扩展了传统权衡理论模型，并假设了一系列合理的前提条件，提出了优化的 LGFC 融资结构权衡模型。本章的相关重要结论如下：

（1）传统权衡理论的逻辑思想（融资成本与收益分析）贯穿资本结构理论研究的始末。

（2）扩展的权衡理论最适合解释 LGFC 融资结构现状与未来趋势要求。

（3）通过与传统权衡理论的最佳负债规模比较后，得出现行 LGFC 负债融资的收益远大于负债融资成本，这是 LGFC 过度负债的直接原因。

（4）优化 LGFC 融资结构模型的前提假设条件符合 LGFC 面临的实际经济情况和未来发展趋势。

（5）在一系列假设条件下，优化的 LGFC 融资结构模型显示：LGFC 的负债水平会因为负债收益和负债成本的权衡抉择而趋于稳定，而且是稳定在一个以最佳负债规模为中值的区间内。

当然，由于我国转轨制经济的特点和地方财政金融环境的差异，本章对于 LGFC 融资收益与成本的分析还需要进一步挖掘。另外，本章的理论分析结果还需要进一步得到实证分析的检验。后续研究将会在这些方面多做出些努力。

本章参考文献

[1] 中华人民共和国审计署办公厅. 全国地方政府性债务审计结果 [R]. 中华人民共和国审计署，2011（06）.

［2］巴曙光. 地方政府投融资平台的发展及其风险评估［J］. 西南金融, 2009 (09)：9 - 10.

［3］田江南. 地方政府如何融资［M］. 北京：当代中国出版社, 2010.

［4］朱武祥, 蒋殿春, 张新. 中国公司金融学［M］. 上海三联书店, 2005：1 - 15.

［5］刘煜辉. 高度关注地方投融资平台的"宏观风险"［J］. 中国金融, 2010 (05).

［6］张志超. 财政风险——成因估测与防范［M］. 北京：中国财政经济出版社, 2004.

［7］若昂·阿马罗·德·马托斯（葡）著, 费方域译. 公司金融理论［M］. 上海财经大学出版社, 2009：32 - 80.

［8］郑长德. 企业资本结构理论与实证研究［M］. 北京：中国财政经济出版社, 2004：24 - 81.

［9］贾康. 地方融资与政策性融资中的风险共担和风险规避机制［J］. 中国金融, 2010 (07)：41 - 42.

［10］魏加宁. 地方政府投融资平台的风险何在［J］. 中国金融, 2010 (16)：16 - 18.

［11］De Angelo, Harry; Masulis, Ronald W. (1980), Optimal Capital Structure under Corporate and Personal Taxation, Journal of Financial Economics, 8：3 - 29.

［12］Harris, Milton; Raviv, Artu, 1988, Corporate Control Contests and Capital Structure, Journal of Financial Economics, 20：55 - 86.

［13］Jensen, Michael C.; Meckling, William H. (1976), Theory of the Firm：Managerial Behavior, Agency Costs and Ownership Structure, Journal of Financial Economics, 3：305 - 360.

［14］Leland, H. E. Pyle, D. H. (1977), Informational Asymmetries, Financial Structure, and Financial Intermediation, Journal of Finance, 32：371 - 387.

［15］Masulis, Ronald W. (1983), the Impact of Capital Structure Change on Firm Value：Some Estimates, Journal of Finance, 38：107 - 127.

［16］Merton H Miller (1977), Debt and Taxes, The Journal of Finance, 32, 261 - 275.

［17］Modigliani, Franco and Merton H. Miller (1958), The Cost of Capital, Corporation Finance, and the Theory of Investment, American Economic Review, 48：261 - 297.

［18］Modigliani, Franco and Merton H. Miller (1963), Corporation Income Taxes and The Cost of Capital, American Economic Review, 53：433 - 443.

［19］Myers, Stewart C. (1984), The Capital Structure Puzzle, Journal of Finance, 39：575 - 583.

［20］Myers, Stewart C.; Majluf, Nicholas S. (1984) Corporate Financing and Investment Decisions when Firms Have Information That Investors Do Not Have, Journal of Financial Economics, 13：187 - 221.

［21］Robert M. Townsend, (1979), Optimal contracts and competitive markets with costly state verification, Journal of Economic Theory, 21：265 - 293.

［22］Robichek; Alexander; Stewart (1967), Some Estimates of the Cost of Capital to the Electric Utility Industry, 1954 - 57. Comment.

［23］Ross, Stephen A. (1977), The Determination of Financial Structure：The lncentive signaling Approaeh, Bell Journal of Economics, 8: 23 – 40.

［24］Rubinstein, Mark E. (1973), Corporate Financial Policy in Segmented Securities Markets, Journal of Financial & Quantitative Analysis, 8: 749.

［25］Titman, Sheridan. (1984), the Effect of Capital Structure on a Firm's Liquidation Decision, Journal of Financial Economics, 13: 137 – 151.

第 3 章

金融经济与实体经济的关系——
基于金融功能观的探讨[*]

3.1 问题的提出及相关研究

2008 年以美国次贷危机为源的全球金融海啸震惊了世界，人们也不得不从此警醒，重新思考金融的发展是否过了头，金融发展是否背离了服务实体经济的初衷而脱离了实体经济。学者们重提"再工业化"，强调金融经济服务实体经济的本质安排。我国 2012 年中央金融工作会议也明确提出"金融工作要显著提高服务实体经济的水平，坚持金融服务实体经济的本质要求"。金融服务实体经济以及金融经济与实体经济的关系问题又一次成为理论界关注的热点。

长期以来，金融经济与实体经济的关系都是备受理论界关注的问题，学者们也对此进行了大量的研究。特别是 20 世纪 60 年代以来，西方学者们从各自不同的角度研究了金融经济与实体经济的关系，取得了重要的理论成果。雷蒙德·W·戈德史密斯（Raymond Goldsmith）1969 年出版的《金融结构与金融发展》一书尤其关注了金融结构变迁对实体经济的影响。麦金农和肖（Mackinnon and Show）于 1973 年分别出版了专著《经济发展中的货币与资本》和《经济发展中的金融深化》，他们分别从金融抑制和金融深化两个方面阐述了金融发展及其对经济增长的影响。后来的很多西方学者从戈德史密斯的研究视角做了大量关于金融发展与经济增长之间关系的实证研究，其结论认为金融发展对经济增长有典型的正向效应。

后来的学者越来越认识到不论金融结构怎样变迁，其发挥的金融功能是基本不变的，他们超越传统的研究框架，抽象掉金融工具、金融中介、金融市场等具体形式和载体，探讨金融作用于经济的具体机制。莫顿和博迪（Nerton and Bodi）于 1995 年正式提出金融功能观，认为"金融职能比金融机构更稳定，金融机构

---

* 四川省金融学会 2013 年重点项目成果。作者：郑长德、谭余夏。

随职能而变化"。他们将金融系统的核心功能划分为 6 类：在不同的时间、地区和行业之间提供经济资源转移的途径；提供风险管理的方法；提供清算和结算支付的途径以完成交易；为储备资源和在不同的企业中分割所有权提供有关机制；提供价格信息，帮助协调不同经济部门的决策；当交易中的一方拥有另一方没有的信息，或一方为另一方的代理人时，提供解决激励问题的方法。

莫顿和博迪将金融功能观正式提出后，学者们沿着功能观思路进行了大量研究并相继提出不同的功能观点。莱文（Levine，1997）将金融的功能归结为促进风险改善、信息获取与资源配置、监控经理与加强企业控制、动员储蓄、促进交易等。罗斯（Ross）认为，金融基本功能可以分为风险改善、资源配置、公司治理、动员储蓄及促进交易五大类。金融对实体经济的作用是通过发挥这五大功能从而影响经济增长的。艾伦和盖尔（Allen & Gale，2001）认为金融体系的功能主要是风险分散、信息提供、企业监控等。国内学者对金融功能观研究较早的白钦先教授（1998、2003）早期提出金融的主要功能有资源配置功能、资金媒介功能、资产避险功能、产业结构调整功能、引导消费功能等，他还认为功能间是分层次的，2016 年，他将金融功能划分为四个层次：基础功能（服务功能、中介功能）、核心功能（资源配置）、扩展功能（经济调节、风险规避）、衍生功能（风险交易、信息传递、公司治理、引导消费、区域协调、财富再分配）。孙立坚等（2004）认为金融体系有投融资服务、价格发现、风险分散、流动性供给、信息传递和公司治理六大基本功能。还有其他学者对金融功能提出了自己的看法，看上去大家对金融功能的看法不一，但实质上的内容是基本一致的，只是认识角度与层次深浅的差别。

沿着功能观的视角，学者们对金融发展促进经济增长的机制也做了较多研究，张蓉、李萍（2007）认为金融功能的演进促进金融结构与经济结构相适应，从而促进经济的发展。曹永琴（2012）认为金融功能是影响经济增长的重要原因，金融体系促进经济增长是通过增强流动性、降低风险、监督经理与实行公司治理来降低交易成本，提高储蓄向投资转化和资源向"好项目"集中的效率而实现的。孙立坚认为金融促进经济增长是金融功能的发挥使得投融资效率提高而实现的。他用一个简单的内生增长模型解释了金融体系提高投融资效率从而促进经济增长的关系。在模型中经济增长率取决于总投资量（I）和资本边际产出效率（A），而总投资又由总储蓄量（S）和储蓄转化为投资的比率（θ）决定。金融体系正是通过各种功能发挥影响上面三个因素来实现其促进经济增长的职能的。

综观学者们对金融促进经济增长机制的研究，大多都从金融改善投融资角度进行了分析，而对金融改善资本利用效率从而促进经济增长的机制只是少量提及，对其进行具体研究的更少。本章将从马克思的产业资本循环理论角度出发，将社会资本划分为产业资本和金融资本，其中产业资本包括生产资本和商品资本，也就是经济中的实体资本，而金融资本是从产业资本中裂变出来专门为其服务的，金融资本的营运即为金融经济，产业资本的循环即为实体经济，然后从功能观角度研究金融经济促进实体经济发展的机制。本章余下的部分大体安排如下：3.2 节论述金融功能促进实体经济发展的机制，且着重于对金融功能发挥促进资本利用效率的论述；3.3 节用一个增长模型来刻画金融资本与产业资本之间的关系，并简单讨论模型反映的结论性意见；3.4 节是针对全章的简单结论与建议。

3.2　金融经济促进实体经济发展的机制

为了更清楚剖析金融功能促进实体经济增长的机制，尤其是金融功能促进资本利用效率的机制，有必要对产业资本的循环机制以及金融资本的形成加以说明。

3.2.1　金融资本的形成

马克思（1865）最早通过揭示货币经营资本的产生间接地揭示出现代金融资本的雏形，后来随着经济社会的发展形成了现代意义上的金融资本概念。金融资本的形成是基于资本的社会分工从产业资本中裂变出来的结果（王定祥等，2009）。马克思论述产业资本的循环运动分为三个阶段。产业资本的循环从其最初的形态即货币资本的职能形态出发，依次经过购买、生产、售卖三个阶段，并相应变换资本的职能形态，然后又回到原来的出发点。其第一阶段即购买阶段中货币资本的职能是通过购买生产要素，为资本价值增殖做准备。在这一阶段中货币资本一方面在形式上执行货币的职能，把货币作为流通手段和支付手段，用于购买生产资料和支付劳动力工资；另一方面在本质上执行资本的职能，它的购买或支付都要根据有利于资本价值增殖的原则而定。产业资本循环的第二个阶段是生产资本执行生产剩余价值的职能而生产出包含剩余价值在内的商品 W' 的过程，资本职能形态从生产资本变为商品资本 G'。第三个阶段是商品资本的销售阶段，在这一阶段，一方面采取商品流通的形式，通过商品的销售，实现了货币形态的回归；另一方面，本质上出售的是商品资本，其职能是实现剩余价值，收回包含剩余价值在内的更多货币。这一阶段表示为 $W'-G'$，它的实现使得资本循环回到其原来的出发点，资本再生产过程得以继续。可以看出，在整个产业资本的循环过程中都需要货币资本作为经营资本的基础，随着生产规模的扩大，对处于购买阶段和销售阶段的货币资本的规模和流动速度都提出更高的要求，从而使得货币资本从各种资本运营中独立出来成为可能和必要。正如马克思指出的:"产业资本的一部分,确切地说,还有商品经营资本的一部分,不仅要作为一般货币资本,而且要作为正在执行这些技术职能的货币资本,不断处于货币形式。现在,一部分从总资本中分离出来,并在这样一种货币资本的形式上独立起来……成为一种特殊资本的职能……就把这种资本转化为货币经营资本了。"① 这就是现代金融资本的雏形。

3.2.2　金融功能服务实体经济的机制

随着经济金融的发展,金融资本的范畴在逐渐扩大,金融部门的营运资本统称为金融资本(王定祥等,2009)。在马克思的论断中,现代金融资本是从生产资本和商业资本中分离出来的具有二重属性的资本形态,它一方面是生产过程和流通过程的延续;另一方面又为它们服务;它既有职能资本的属性,是生产资本和商业资本运动中的货币转化形式,又具有非职能资本的属性,它不直接参与生产和流通过程,而只是为这些过程提供金融服务。随着金融资本范畴的扩大,金融功能也在不断延伸,白钦先(2003)的研究认为近百年来金融功能有了实质性的扩展与提升。金融功能已经从传统上单纯的中介功能扩展到风险管理、资源配置、公司治理、信息生产、动员储蓄及促进交易等方面,而金融经济促进实体经济发展的机制也更加丰富。本章下面具体讨论的金融功能主要指金融的投融资服务、价格揭示、风险分散、清算和支付结算、资源配置和公司治理几个基本功能。

3.2.2.1　现代金融促进投资形成来增加产业资本存量从而服务实体经济

金融资本营运所形成的金融经济通过提高总储蓄率和总储蓄转化为投资的比率来实现投资的增长,增加实体资本存量,扩大产业资本循环的规模,提升产业资本增殖能力,从而促进经济增长。其中,总储蓄率反映了消费者对个人收入的安排,同时也反映了金融体系运行的效率。金融体系内金融资本运营的回报率、风险大小和流动性好坏共同决定了消费者的投资取向。现代金融体系作为一个有机整体,分散风险,提供流动性、促进资源配置以改善金融资本的回报率、分散风险和提高流动性本身就是其基本功能。金融投资越有吸引力,总储蓄率越高。

总储蓄转化为投资的比率反映了金融经济的运行效率,金融资本运营以为产业资本运动增殖提供服务本身也需要大量的经营成本,金融资本运营的场所、人力、物力、财力的支出都是沉淀在金融经济中的部分总储蓄,所以一单位总储蓄往往不可能转化为一单位投资。

---

① 转引自王定祥等,2009。

3.2.2.2 金融功能提高产业资本效率从而服务实体经济

金融经济一方面促进了产业资本的形成，扩大产业资本的规模；另一方面，也是人们往往忽略的，金融资本的运营所形成的金融体系为产业资本的循环提供各种金融服务，提高产业资本边际生产率，也就是提高了产业资本循环中生产和实现剩余价值的效率。金融资本从产业资本中裂变出来，本身就是为了能更有效地服务于产业资本的循环，金融体系作为一个有机整体通过发挥其各项功能来作用于产业资本循环的三个阶段，从而提高产业资本运营效率，缩短产业资本循环的周期，增加产业资本增殖。具体地从金融体系的几个功能来进行分析。

1. 公司治理功能提升产业资本效率。产业资本的运动在微观上是通过企业的运作实现的。现代企业的组织形式最为典型的就是公司制。所有权与经营权的分离使得委托—代理问题产生，从而公司治理成为企业运营效率的关键。公司治理是通过对公司管理者进行激励与约束使其努力实现所有者的利益，从而提高公司业绩。管理者的努力可以通过改善生产流程、优化投资结构、提高营销效率等方面使企业资本得到更有效的利用，提高产业资本产出效率。金融体系实现其公司治理功能主要从控制公司董事会、决定管理者报酬、公司控制权市场约束和债权人监督几个方面来实现。股东通过选举董事会，从而控制管理者是确保公司实现其利益的重要方法；将公司股票价格与管理人员薪酬联系在一起也是激励管理者努力提高公司业绩的有效方法；公司控制权市场为约束管理者提供了一个有效的手段，代理人竞争、敌意接管和善意兼并是公司控制权的三种运行方式；债权人为了能够顺利收回债务本息也会对公司进行监督，从而对管理者进行约束，另一方面，管理者为了避免破产风险也会努力经营管理，提高企业运营效率。

2. 风险管理功能提高资本利用效率。产业资本的循环过程中有多种风险伴随，产业资本的投资，比如引进新技术，或者新产品的开发都面临失败的可能，任何企业都不愿意独自承担这种风险，所以需要保险公司等中介机构将风险分散。金融体系还为流通阶段的各种风险提供了避险工具，如期权、期货、互换等衍生工具可以规避价格、汇率波动等风险，使得产业资本增值得以安全实现，产业资本循环得以顺利延续。

3. 价格揭示功能提高资本利用效率。期权、期货等衍生工具在提供避险功能时也促进了市场价格的形成，另外股票市场的表现也是价格形成的促进因素，而一个公允的价格形成是影响产业资本循环中购买生产资本和销售商品资本两个流通阶段的重要因素，通过影响成本与收益大小而直接影响到产业资本增值能力的大小。

4. 清算和支付结算功能提高资本利用效率。金融系统提供清算和支付结算的途径，以提高购买生产资本和销售商品资本两个阶段的效率，缩短资本循环时间，加快资本周转速度，促进产业资本利用效率。

5. 资源配置功能提高资本利用效率。金融系统在不同时期、地区和行业之间提供经济资源转移的途径，让资源从获得相对较低收益的行业或地区转向收益较高的行业或地区，从而优化产业资本配置，提高产业资本增值能力，提高产业资本利用效率。

总之，金融经济促进实体经济的发展是金融功能的实现，金融经济提供的各种金融服务是其功能得以发挥的载体，金融经济能够在多大程度上促进实体经济的发展又取决于金融经济的规模和金融体系的运行效率。

3.3　金融功能与实体经济：一个增长模型①

延续前面的思路，金融经济促进实体经济发展主要是通过促进产业资本形成和为产业资本运动提供金融服务以提高其利用效率两方面来实现的。一般学者研究这一主题时都从其中的第一方面进行了分析，而对第二方面的实现机制研究较少。下面将运用一个增长模型来分析金融资本与产业资本的这一关系。模型将社会资本分为金融资本和实体资本（产业资本），其中金融资本的运营即为金融部门，产业资本的运营通过企业活动来实现。

假定经济中存在家庭、生产企业和金融三部门。家庭部门为企业提供劳动和资本，获得工资和资本收益，并从企业购买产品和服务以使自身效用最大化。用某个具有代表性的企业生产运营来表征实体经济。企业将家庭部门提供的资本用于金融投资和实体投资，形成金融资本和产业资本，并在既定的生产技术条件下进行生产活动，向社会提供产品和服务。由经济中所有金融资本运营形成的金融部门是一个服务部门，由于模型想要说明的是金融经济通过其功能的发挥改善实体资本的利用效率，所以假设金融部门运营实现的具有特定功能系统的金融服务是面向所有生产企业的具有非排他性质的金融服务，由于它对生产资本产出效率的促进作用可以将其视为企业生产使用的一种生产要素。在前面假设的基础上，利用拉姆齐模型框架说明金融服务于实体经济的机制以及对经济增长的影响。

3.3.1　家庭行为分析

假设一个无限期界的家庭的不变跨期替代弹性效用函数为：$U = \int_0^\infty \frac{c^{1-\theta}-1}{1-\theta} e^{nt} e^{-\rho t} dt$。其中：$\rho$ 为效用的时间偏好，$\rho > 0$ 表示消费者认为未来消

---

① 模型框架采用巴罗（Barro，1990）分析财政行为与经济增长关系的思路，国内学者娄洪（2004）、陈志国等（2007）也利用了此模型分析公共财政与经济增长的关系。

费不如现在消费，假定 $\rho > n$ 以使效用函数不发散；θ 为边际效用弹性，其倒数为跨期替代弹性；n 为人口增长率。理性家庭面临的问题就是最大化由人均消费 c(t) 产生的效用 u[c(t)] 贴现流量，其最大化效用的预算约束为 $\dot{a} = w + ra - c - na$，边界条件为 a(0) = 1，非蓬齐博弈条件为 $\lim_{t \to \infty}\{a \cdot \exp[-\int_0^t [r(v) - n]dv]\} \geq 0$。其中 a 为人均资产；r 为利率；w 为工资率。典型家庭的问题就是通过求解上述最大化问题，找到最优消费路径和资本积累路径。

3.3.2 企业行为分析

代表性竞争企业 i 将资本进行实体资本（产业资本）和金融资本投资，为了简化分析，假定经济制度安排所有企业按产出的固定比例进行金融投资与实体投资，所有企业的金融投资形成的金融资本的运营即为金融经济，金融部门将为生产企业提供一种非排他性的金融服务作为企业生产所需的一种生产要素。沿用巴罗（Barro，1990）以及巴罗与萨拉—伊—马丁（Barro and Sala – I – Martin，1992）分析政府行为的思路，设代表性企业的生产函数为：

$$Y_i = AK_{si}^{\alpha}L_i^{1-\alpha}(K_f^{\beta(t)})^{1-\alpha} ①$$

其中：Y_i 为企业 i 的产出；K_{si} 为企业 i 投入的实体资本；L_i 为企业 i 投入的劳动力；K_f 为经济中所有生产企业投入的金融资本总量，其大小等于 λY，Y 为经济总产出；$K_f^{\beta(t)}$ 为金融系统生产出来可以提供给生产企业利用的具有系统功能的非排他性金融服务总量，其中 $\beta \leq \dfrac{\Delta K_f / K_f}{\Delta K_s / K_s}$，在假定 β 的初始值为合适值，即 $\beta(0) \to$ 合适状态下，$\beta(t)$ 表示生产性金融服务的拥挤程度。

假设生产性金融服务的拥挤程度 β 是由社会金融资本总量 K_f 和金融资本转化为生产性金融服务的转化率 $\mu = \dfrac{K_f^{\beta}}{K_f}$ 决定的。表示成函数形式为：$\beta = f(K_f, \mu)$。其中，β 是 K_f 和 μ 的增函数。μ 不变时，K_f 的增加使得 β 增加；K_f 不变时，μ 的增加使得 β 增加。

假设长期内所有企业都得到了相同的产业资本密度，即 $k_s = k_{si} = \dfrac{K_{si}}{L_i} = \dfrac{K_s}{L}$，于是，可以把企业生产函数写成集约形式：$y = Ak_s^{\alpha}(K_f^{\beta})^{1-\alpha}$。其中：y 为人均产出，$k_s$ 为人均产业资本。企业的问题是对于给定的 w，r 与 λ，使得企业在金融

---

① 这里用的生产函数与国内学者娄洪（2004）与陈志国、王华（2006）研究公共财政时所用的生产函数类似，但本章的生产函数的经济意义与前面二者完全不同，前面二者研究的是公共财政与经济增长的关系，而本章研究的是金融经济服务实体经济以及金融经济促进经济增长的机制。

投资后的利润最大化，即：$\max\left[(1-\lambda)AK_{si}^{\alpha}L_{i}^{1-\alpha}(K_{f}^{\beta})^{1-\alpha}-wL_{i}-(r+\delta)K_{si}\right]$。其中：$\delta$ 为折旧率；r 为租金率；w 为工资率。

将研究重点放在生产资本的边际产出上，求解最大化问题的产业资本的边际产出为：$r+\delta=(1-\lambda)A\alpha k_{s}^{\alpha-1}(K_{f}^{\beta})^{1-\alpha}$。由前面的假设知：$K_{f}=\lambda Y=\lambda AK_{s}^{\alpha}L^{1-\alpha}(K_{f}^{\beta})^{1-\alpha}=(\lambda ALk_{s}^{\alpha})^{\frac{1}{1-\beta(1-\alpha)}}$。于是可得：

$$r+\delta=(1-\lambda)A\alpha k_{s}^{\alpha-1}(\lambda ALk_{s}^{\alpha})^{\frac{\beta(1-\alpha)}{1-\beta(1-\alpha)}}=(1-\lambda)A\alpha(\lambda AL)^{\frac{\beta(1-\alpha)}{1-\beta(1-\alpha)}}k_{s}^{\frac{\alpha-1+\beta(1-\alpha)}{1-\beta(1-\alpha)}}$$

$$(3.1)$$

3.3.3　宏观经济均衡分析

经济均衡时，所有需求等于供给，人均资产等于人均资本，即 $a=k$。宏观经济的目标函数与典型家庭的目标函数一致，即家庭效用最大，此时的宏观经济面临的问题即为在以下约束条件下最大化家庭效用，即：经济资源约束 $\dot{k}_{s}=(1-\lambda)g(k_{s},K_{f})-c-(\delta+n)k_{s}$；边界条件为 $k_{s}(0)=1$；非蓬齐博弈条件为 $\lim_{t\to\infty}\left[k_{s}\cdot e^{-\bar{r}(t)\cdot t}\right]\geqslant0$，其中 $\bar{r}(t)$ 为平均利率，满足：$\bar{r}(t)=\frac{1}{t}\int_{0}^{t}r(v)dv$。

将研究重点放在人均消费增长率上，根据动态最优化理论建立汉密尔顿函数，解得人均消费增长率 χ_{c} 为：

$$\chi_{c}=\frac{\dot{c}}{c}=\frac{1}{\theta}\left[(1-\lambda)A\alpha(\lambda AL)^{\frac{\beta(1-\alpha)}{1-\beta(1-\alpha)}}k_{s}^{\frac{\alpha-1+\beta(1-\alpha)}{1-\beta(1-\alpha)}}-(\rho+\delta)\right]$$

$$(3.2)$$

前面讨论的政策意义：

1. β 的大小代表了生产性企业所获得的金融服务的拥挤程度，其大小的决定因素已经在前面讨论过。从式（3.1）和式（3.2）可以看出，β 的大小与经济均衡时人均消费增长率 χ_{c} 有着密切的联系。

（1）当企业没有金融投资，即金融部门不存在或者金融部门没有向生产企业提供金融服务的时候，即 $\beta=0$ 时，此时增长率随人均产业资本的积累而递减，金融部门对产出效率和增长率没有贡献。

（2）当生产企业面临拥挤的金融服务，即 $0<\beta<1$ 时。此时金融服务对产出及增长率具有一定贡献，因为 $\alpha-1<\dfrac{\alpha-1+\beta(1-\alpha)}{1-\beta(1-\alpha)}<0$，使得因人均产业资本积累而导致的增长率下降的速度有所减缓。β 越趋近于1，这种贡献越大，增长率下降也越慢。这种贡献的实质是金融服务提高了产业资本利用效率，从而促进了经济增长。

（3）如果金融部门能够为生产企业提供充分的金融服务，即 $\beta=1$ 时，此时 $\dfrac{\alpha-1+\beta(1-\alpha)}{1-\beta(1-\alpha)}=0$，从而 $r+\delta=(1-\lambda)A\alpha(\lambda AL)^{\frac{1-\alpha}{\alpha}}$、$\dfrac{\dot{c}}{c}=\dfrac{1}{\theta}\left[(1-\lambda)A\alpha\right.$

$(\lambda AL)^{\frac{1-\alpha}{\alpha}} - (\rho + \delta)]$，可见，这种情况下金融部门的服务供给可以和企业的产业资本投入互补，使得产业资本边际产出不再随人均产业资本积累而递减，而随 L 的增加而提高，这相当于经济取得了外生的技术进步，从而经济也实现了内生增长。当然，这是一种理想状态，即针对经济中的所有生产活动所需要的金融服务都能得到满足，这在一般经济体里面是不能得到满足的，即便有大规模的金融资产，但源于制度因素、市场失灵等方面的缺陷，使得生产足够的生产性金融服务是很难的，这是经济金融发展的理想目标。

正如前面讨论的一样，β 是 μ 和 K_f 的函数，而 $K_f = \lambda Y$，所以，β 的大小最终取决于 μ、λ 和 Y 三个变量。

2. 讨论 λ 与 χ_c 的关系。

从式（3.2）可知，

（1）$\beta = 1$ 时，$\dfrac{\partial \chi_c}{\partial \lambda} = \dfrac{1}{\theta} \Big[A^{\frac{1}{\alpha}} L^{\frac{1-\alpha}{\alpha}} (-1) \lambda^{\frac{1-\alpha}{\alpha}} + A^{\frac{1}{\alpha}} \alpha L^{\frac{1-\alpha}{\alpha}} \Big(\dfrac{1-\alpha}{\alpha} \Big) (1-\lambda) \lambda^{\frac{1-2\alpha}{\alpha}} \Big]$

令上式等于 0 可得 $\lambda = 1 - \alpha$。当 $\lambda < (1-\alpha)$ 时，$\dfrac{\partial \chi_c}{\partial \lambda} > 0$，此时 λ 增大，χ_c 增大；当 $\lambda > (1-\alpha)$ 时，$\dfrac{\partial \chi_c}{\partial \lambda} < 0$，此时 λ 增大，χ_c 减小。

（2）$0 < \beta < 1$ 时，$\dfrac{\partial \chi_c}{\partial \lambda} = \dfrac{1}{\theta} \Big[A^{\frac{1}{1-\beta(1-\alpha)}} \alpha L^{\frac{1-\alpha}{1-\beta(1-\alpha)}} k_s^{\frac{\alpha-1+\beta(1-\alpha)}{1-\beta(1-\alpha)}} (-1) \lambda^{\frac{\beta(1-\alpha)}{1-\beta(1-\alpha)}} +$

$A^{\frac{1}{1-\beta(1-\alpha)}} \alpha L^{\frac{\beta(1-\alpha)}{1-\beta(1-\alpha)}} k_s^{\frac{\alpha-1+\beta(1-\alpha)}{1-\beta(1-\alpha)}} \dfrac{\beta(1-\alpha)}{1-\beta(1-\alpha)} (1-\lambda) \lambda^{\frac{2\beta(1-\alpha)-1}{1-\beta(1-\alpha)}} \Big]$

令该式等于 0 可得 $\lambda = \beta(1-\alpha)$。当 $\lambda < \beta(1-\alpha)$ 时，$\dfrac{\partial \chi_c}{\partial \lambda} > 0$，此时 λ 增大，χ_c 增大；当 $\lambda > \beta(1-\alpha)$ 时，$\dfrac{\partial \chi_c}{\partial \lambda} < 0$，此时 λ 增大，χ_c 减小。

我们讨论一般情况，即 $0 < \beta < 1$ 的情况下，这时，最佳的金融投资比率为 $\lambda = \beta(1-\alpha)$，它正好等于金融服务对总产出的贡献率。在 β 一定且 $\lambda < \beta(1-\alpha)$ 的情况下，增加金融投资对产出效率和经济增长是有利的，而当 $\lambda > \beta(1-\alpha)$ 时，增加金融投资反而使得产出效率和经济增长率下降。这告诉我们金融投资是有最佳比率的，过少和过多都是对资本利用效率和经济增长率不利的。

3. Y 的大小。在 λ 和 μ 一定的情况下，经济总量 Y 越大，β 越大。这说明金融经济与经济增长的相互促进关系，金融促进经济增长的同时，经济增长也促进了金融的发展。

4. μ 的大小。μ 衡量了金融资本运营产出金融服务的效率，其大小取决于经济金融的多个方面。首先，一国的金融发展程度是影响金融效率的重要因素。其次，一国的金融制度安排也是金融产出的重要因素。考虑我国的一种现实情况，经风险调整后的股票和债券市场的收益较低，而较高的投资收益往往集中在国有商业银行和房地产等投机市场，但是，由于我国的国有商业银行的垄断进入壁垒，使得投资挤向房地产等投机市场。这种情况导致了一方面为实体经济服务的金融不足，而另一方面是房地产等投机市场过热的现状。最后，基础设施、技术进步等方面也是金融产出效率的重要决定因素，比如信息技术革命带来的金融服务飞速发展。

3.4　简单结论与启示

随着经济金融的发展，金融的功能在不断的提升和发展，金融在经济中所扮演的角色在不断丰富，其对经济发展的作用方式和途径越来越多样化。在认识金融经济与实体经济的关系方面应该更加全面，投融资功能扩大了实体经济（产业资本）的规模，而金融各项其他功能服务实体经济能提高资本利用效率，从而提高实体经济运行效率、促进经济增长。

金融功能的发挥一方面取决于金融规模，另一方面取决于金融体系本身的运行效率。金融规模与经济增长是相互促进的关系，经济的增长促进金融规模的扩展，而金融规模的扩大又能促进经济的增长，所以金融发展应当有一个适当的"度"。金融体系的效率取决于经济金融的多个方面，金融体系的健全和金融制度的合理安排是金融效率的保证，是金融功能的完善和金融各项功能得以实现的保证。

本章参考文献

［1］王定祥，李伶俐，冉光和. 金融资本形成与经济增长［J］. 经济研究，2009（9）：39－51.

［2］付敏. 金融功能问题讨论综述［J］. 经济理论与经济管理，2007.

［3］白钦先，白炜. 金融功能研究的回顾与总结. 2009.

［4］白钦先，谭庆华. 论金融功能演进与金融发展［D］. 厦门：首届中国金融学年会会议论文，2004.

［5］白钦先. 百年金融的历史性变迁［J］. 国际金融研究，2003.

［6］白钦先. 白钦先经济金融文集（第二版）［M］. 中国金融出版社，1999.

［7］米建国，李建伟. 我国金融发展与经济增长关系的理论思考与实证分析［J］. 管理世界，2005（4）.

［8］孙立坚，牛晓梦，李安心. 金融脆弱性对实体经济影响的实证研究［J］. 财经研究，2004（1）.

［9］孙立坚. 金融体系的微观传导机制［N］. 上海财经大学学报，2004（6）.

［10］孙立坚. 金融经济学［M］. 高等教育出版社，2004.

［11］吴树青，逢锦聚等. 政治经济学（第二版）［M］. 高等教育出版社，2003.

［12］沈军，白钦先. 金融结构、金融功能与金融效率关系——一个基于系统科学的新视角［J］. 财贸研究，2006.

［13］张蓉，李萍. 金融发展与经济增长的作用机制初探［J］. 生态经济，2007.

［14］陈志国，王华. 财政支出对资本边际产出影响机制的理论分析［N］. 河北大学学报，2006.

［15］林广明，谭庆华. 金融资源论：对金融功能观与金融机构观的综合研究［J］. 金融论坛，2004.

［16］罗伯特·J. 巴罗，夏威尔·萨拉－伊－马丁. 经济增长（第二版）［M］. 上海三联书店，2010.

［17］娄洪. 长期经济增长中的公共投资政策［J］. 经济研究，2004.

［18］兹维. 博迪，罗伯特. 默顿. 金融学［M］. 中国人民大学出版社，2000.

［19］曹永琴. 金融发展和经济增长：功能观与结构观的比较［J］. 商业研究，2012.

［20］富兰克林·艾伦，道格拉斯·盖尔. 比较金融系统［M］. 中国人民大学出版社，2002（6）.

［21］Barro，R. J. and X. Sala－I－Martin. Public Finance in Models of Economic Growth［J］. Review of Economic Studies，1992（59）.

［22］Barro，R. J. Government Spending in a Simple Model of Endogenous Growth［J］. Journal of Political Economy，1990（98）.

［23］Romer，P. M. Increasing Returns and Long Run Growth［J］. Journal of Political Economy，1986（94）.

第4章

金融结构、产业结构与经济波动——基于中国省际面板数据的实证研究[*]

4.1 引　言

作为经济的一个子系统，金融在现代经济中的地位越来越突出，其功能主要体现在如下三个方面：第一，动员资金的功能。一个好的金融体系能够很好地将闲散资金聚集起来。第二，配置资金的功能。一个运行有效的金融体系能够将聚集起来的资金配置到效率最高的各个部门，实现生产剩余的最大化。第三，分散风险的功能。一个良好的金融系统能够有效地降低参与个体所面临的风险，同时避免金融危机的发生。金融的演进表现在总量的扩张和金融结构的变化这两个维度上。金融对经济运行产生深远的影响，而影响的实现有赖于金融系统内部的关系结构。这种结构既是金融功能的体现，反过来也会影响金融功能的发挥，从而影响经济的运行。本章将金融结构定义为：一个经济体系中直接融资和间接融资的比例。

自 1990 年我国建立股票市场以来，我国的金融结构（融资结构）发生了深刻的变化，从以前的全部以银行间接融资到现在的间接融资和股票市场的直接融资各占一定的比例。进入 20 世纪 90 年代以来，我国的经济波动特征也出现了显著变化，由"大起大落"转向"高位平稳"，稳定性逐渐增强（刘树成，2005）。金融结构的变化和经济波动的趋于平稳二者间是否存在联系是值得研究的问题。目前的研究大都集中于从金融发展和产业结构的视角研究经济波动，而将金融结构、产业结构、经济波动三者统一起来研究的则较少。

因此本章以金融结构和经济波动的相关理论为基础，分析金融结构变动对于经济波动的影响及作用机制。本章余下部分安排如下：4.2 节对经济波动的相关文献进行综述；4.3 节是研究问题及研究设计；4.4 节为实证分析和稳定性检验；

* 四川省金融学会 2013 年重点项目成果。作者：郑长德、王柄权。

4.5 节得出结论和提出建议。

4.2 文 献 综 述

对于经济波动的研究已经成为国内外的热点问题。已有的文献主要从三个方面进行论证。

4.2.1 金融发展与经济波动

4.2.1.1 国外研究

自 20 世纪格利和肖（Gurley & Shaw）提出金融发展理论以来，金融发展与经济波动的关系一直是学术界研究的热点问题。从理论机制上看，一方面认为金融发展在一定程度上降低了宏观经济波动。伯南克（Bernanke）和格利（Gertler，1989），伯南克（Bernanke）、格利（Gertler）和吉尔克里斯特（Gilchrist，1996），及（Kiyotak）和穆尔（Moore，1997）认为在不完美的信贷市场由于信息不对称而通过"金融加速器"的作用放大了宏观经济冲击的初始效应，因此金融发展能够减轻信贷市场的信息不对称程度，降低代理成本，缓解"金融加速器"的作用，从而抑平经济波动艾金等，卡瓦列罗和克里希那穆提（Aghion et al.，1999；Caballero & Krishnamurty，2001）。阿西莫格鲁和兹利勃特（Acemoglu & Zilibotti，1997）指出，在投资不可分的情况下，金融发展使得风险更加分散，经济的总风险随着金融的发展而降低。另一方面认为金融发展对宏观经济波动存在多重效应。巴切塔和凯米娜（Bacchetta & Caminal，2000）将经济中的公司分为大小两种类型，由于规模报酬递减，小公司的边际生产率高于大公司，但在不完善的信贷市场上小公司受到的信贷约束要大于大公司，约束程度与外部融资需要量与内部资金的比值正相关，当未预期到的有利冲击使小公司的信贷约束得到改善，信贷市场将大部分资金分配给小公司，综合效应是冲击被放大。若初始冲击为不利冲击，则由于大公司的信贷约束较弱，大部分资金将配置给生产率较低的大公司，综合效应便是抑制了初始冲击。贝克等（Beck et al.，2006）在巴切塔和凯米娜（Bacchetta & Caminal，2000）的基础上加入了金融部门和实体部门，并将冲击区分为对金融部门的冲击和实体部门的冲击。研究表明，不完善的信贷市场将放大对实体部门的冲击而缩小对金融部门的冲击。从经验研究上看，一些研究认为金融发展减弱了经济波动，如席尔瓦（Silva，2002）以 40 个国家 1960~1997 年的面板数据运用 GMM 方法研究发现银行的发展降低了产出、投资及消费的波动。洛佩兹和施皮格尔（Lopez & Spiegel，2002）搜集 1960~1990 年的 101 个国家的数据并采用 GMM 方法，研究发现，银行的发展降低了投资的波动。德尼泽尔（Denizer）、（Iyigun）和欧文（Owen，2002）以 1956～1998 年 70 个国家的面板数据采用固定效应模型研究发现银行业在金融结构中的相对重要性能有效解释 GDP、消费和投资的波动。拉达瓷（Raddatz，2006）对金融发展水平较低的国家研究表明金融中介在降低经济的波动性方面比股票市场更加突出。另一些研究则认为金融发展对经济波动的关系并不确定，如：蒂尔亚基（Tiryaki，2003）运用 1960～1997 年 40 个国家的数据采用 GMM 方法发现银行的发展减弱了投资的波动但增强了消费的波动，因此对产出的波动并没有显著的影响。哈恩（Hahn，2003）在对 21 个 OECD 国家的 1970～2000 年数据采用固定效应模型研究后发现股市的发展放大了产出的波动，而银行的发展与产出的波动并无稳健关系。贝克等（Beck et al.，2006）运用 1960～1997 年 63 个国家的数据采用混合最小二乘法发现银行中介的发展与经济波动不具有稳健的关系。

4.2.1.2　国内研究

国内学术界对金融发展与经济波动关系的研究主要有：白当伟（2004）研究发现金融市场和金融机构的发展通过资产组合、财富效应、国际资本借贷把影响经济波动的效应传导到国内，从而导致经济波动的内生化。杜婷、庞东（2006）分别从中国金融发展、利率走势和股票市场三个角度对金融发展与经济波动的相关性进行了检验，发现我国金融中介和市场的发展不是平滑了经济增长的波动，而是放大了波动；并且股市对经济波动的影响相当有限。董利（2006）研究发现银行信贷对平滑产出的波动效果比股票市场要强。王翔、李凌（2009）采用 1993～2005 年的分省面板数据检验了我国的金融发展、经济波动和经济增长三者之间的关系，发现金融发展可以降低经济增长对外生冲击的敏感性。骆振心、杜亚斌（2009）通过考察我国银行业发展在宏观经济波动传导中所起的作用，发现银行业的发展在货币冲击引发的宏观经济波动的传导过程中起到了抵消的效应；而银行业发展在实际部门的冲击引发的我国宏观经济波动的传导过程中未产生明显的放大效应。朱彤、漆鑫、李磊（2011）运用 1978～2009 年省际面板数据检验了金融发展与人均实际 GDP 和人均固定资产投资波动性的关系，发现金融市场的不断完善在较大程度上抵消了外生冲击的影响。

4.2.2　产业结构与经济波动

4.2.2.1　国外研究

一些研究认为产业结构与经济波动不存在稳健联系，如斯托克和沃森（Stock & Watson，2002）通过对美国劳动力在产业部门之间的流动分析，发现产业结构的变化与经济波动不存在显著的联系。另一些研究认为产业结构的变化有助于缓解经济波动。如帕纳德（Peneder，2002）对 OECD 国家的数据采用动态面板模型，研究发现经济波动降低的 30% 可由产业结构的变化来解释。埃格斯和埃安尼德斯（Eggers & Ioannides，2006）通过构建一个两部门的动态一般均衡模型研究美国 1950 年以来的从制造业向服务业的转移对经济波动的作用，发现产业结构的升级有效地降低了美国经济的波动。

4.2.2.2 国内研究

国内的研究主要从两个方向展开。一是验证产业结构的变迁是否对经济波动具有缓解作用。干春晖、郑若谷、余典范（2011）从产业结构和产业结构高级化两个角度分析了我国产业结构变迁与经济增长波动的关系，发现两者都对经济波动起到稳定作用。方福前、詹新宇（2011）针对我国改革开放以来产业结构升级对经济波动的影响，采用 TGARCH 模型研究发现产业结构的升级有抑平经济波动的效应。二是研究各个产业对经济波动的贡献。李云娥（2008）通过对 1952～2004 年的 GDP 增长采用方差分解法进行研究，表明农业和制造业与经济波动存在显著的联系。杨天宇、刘韵婷（2011）同样利用方差分解法对支出法和生产法 GDP 进行研究，发现经济结构的调整对经济波动有缓解作用。李强（2012）通过方差分解法研究了产业结构变动和经济波动的关系，发现产业结构高级化比产业结构合理化对经济波动的影响大，发展服务业有利于经济的稳定发展。

综上所述，已有的文献看，从金融发展的角度研究经济波动都是从银行中介和股票市场两个角度分别着手进行研究，而没有将银行中介和股票市场相联系进行研究。从经济结构的角度研究经济波动方面的文献并没有考虑到经济结构作用于经济波动的内在机制。因而本章试图将银行中介、股票市场和经济结构相结合进行研究，以阐明这三者对经济波动的影响。

4.3 研究问题及研究设计

4.3.1 问题的提出

金融的作用在于服务于实体经济，实体经济的不断发展变化必然伴随金融的调整以使得其与实体经济的需求相适应。正如经济史学家格申克尤（Gerschenkron，1962），蒂莉（Tilly，1967）和钱德勒（Chandler，1977）所指出的那样，金融结构是为了适应实体经济需要的。拉詹和津加莱斯（Rajan & Zingales，2003b）指出银行体系在对固定资产密集型公司融资方面相对于对以高技术研发为主的公司融资方面拥有比较优势，认为固定资产密集型企业是更传统和容易被了解的企业，借款者拥有实物资产作为抵押物以保证贷款的流动性，因此，信息的集中不会成为融资的障碍。相反地，他们认为市场体系在对知识和无形资产密集型企业融资方面拥有比较优势，因为对于以研发为主的高技术企业来讲，由于其处于技术前沿，其面临的风险主要是技术风险和市场风险，需要股票市场的价格信号引导资源的优化配置。富兰克林和劳拉已有的研究（Franklin & Laura，2006）表明，若一个国家是以实物资产密集型企业为主导的经济结构，其金融结构趋向于以银行为主导。相反地，若是以知识和无形资产密集型企业为主导的经济结构，那么其金融结构趋向于以市场为主导，这表明金融结构的演变是对企业融资需求的反映，也即是实体经济特征的反映。

中国是一个新兴市场经济国家，金融结构和经济结构还处于不断地调整变化之中，本章以第二产业作为固定资产密集型企业的代理变量，以第三产业为知识和无形资产密集型企业的代理变量。由前面的论述可知，金融结构是伴随着实体经济结构的变化而调整的，即为了满足实体经济的融资需求，若一个金融结构适应经济结构的发展变化，经济中的各产业能够得到相应的资金为其发展提供支持，从而保持平稳而健康地发展，则这样的金融结构应该能抑制经济波动。鉴于此，提出问题：产业结构决定金融结构，并通过金融机构所发挥的金融功能影响经济波动。我国的金融结构是否与产业结构相适应？两者的相互作用是否能起到熨平经济波动的作用？

4.3.2　变量定义

4.3.2.1　被解释变量

经济波动指标（bgdp）：人均实际 GDP 相对于其趋势变动的百分数。本章参照李强（2012）的方法，通过对各省 1993～2011 年实际人均 GDP 进行 H－P 滤波，将人均实际 GDP 分解为波动成分和趋势成分：

$$Y^t = B^t + T^t$$

其中，B^t 表示波动性成分，T^t 表示趋势性成分。

在此基础上得到经济波动的度量指标：

$$bgdp = (B^t/T^t) \times 100$$

4.3.2.2　解释变量

（1）金融结构指标（fs）：（股票融资额/银行贷款额）×100。近年来对金融结构的界定越来越系统化，已有的文献为我们提供了广泛的测度指标。鉴于我国的实际情况，本章按照传统的定义将金融结构界定为以银行为主导的金融结构和以市场为主导的金融结构两种。该指标反映了各省直接融资和间接融资的相对重要程度，该指标的值越大，表明金融市场在融通资金中扮演越重要的角色。反之，该值越小，则说明金融中介（银行）在动员储蓄、融通资金中越重要。当该值大于100，则是以市场为主导的金融结构，该值小于100则是以银行为主导的金融结构。

（2）金融发展指标（fd）：信贷余额/名义 GDP。

（3）经济结构指标（res2）：第二产业的产值/名义 GDP。该表的值越大表明固定资产密集型企业在经济中所占的比重越大。

（4）经济结构指标（res3）：第三产业的产值/名义 GDP。该指标越大则表明知识和无形资产密集型企业在经济中所占的比重越大。

（5）交互项（fs×res2）：金融结构指标与第二产业占 GDP 比重的乘积，若我国的金融结构是适应第二产业的发展需求，则金融结构和第二产业的相互作用应该能起到熨平经济波动的作用，此交互项前面的系数应该为负，反之，若前面的系数为正，则我国的金融结构不适应第二产业的发展，对经济波动起到扩大作用。

（6）交互项（fs×res3）：金融结构指标与第三产业占 GDP 比重的乘积。同理，该项的系数若为负，则第三产业和金融的发展是相适应的，二者的相互配合能起到熨平经济波动的作用。

4.3.2.3　控制变量

（1）外商直接投资（gfdi）：外资的进入会影响国内的经济运行，造成国内经济的波动。因此本章选取外商直接投资的增长率来刻画这种影响。计算公式如下：

$$gfdi =（本年外商直接投资额 - 上年外商直接投资额）/上年外商直接投资额 \times 100\%$$

（2）外国需求（gexp）：随着全球经济联系的不断增强，且我国的外贸依存度较高，外国需求对我国经济的拉动作用非常重要，外需的波动会带来国内经济的波动。鉴于此，本章采用出口增长率来刻画外国需求的变动，计算公式如下：

$$gexp =（本年出口额 - 上年出口额）/上年出口额 \times 100\%$$

（3）市场化程度（mark）：中国作为一个新兴市场经济国家，市场化的进程一直在不断地加深，鉴于目前没有标准统一的指标刻画这种变化，本章采用多数学者的做法，采用城镇非国有企业职工数占整个城镇职工的总人数之比来测度，其定义如下：

$$mark =（城镇非国有企业职工人数/城镇职工总人数）\times 100\%$$

（4）政府规模（gscale）：由于地方政府为了刺激经济的发展，追求政绩，通常会增加政府支出以拉动 GDP 的增长，从而对经济的运行造成扰动，因此为了测度这种政府干预经济的行为，本章选取政府规模指标，具体计算公式如下：

$$gscale = 政府财政支出/名义 GDP$$

（5）虚拟变量（dummy98）：该指标用于控制 1998 年东南亚金融危机对我国经济波动造成的影响。

（6）虚拟变量（dummy03）：该指标用于控制 2003 年"非典"对我国经济

造成的影响。

（7）虚拟变量（dummy08）：该指标用于控制2008年次贷危机对我国经济造成的冲击。

4.3.3 数据的来源及说明

本章的实证研究对象为我国31个省、直辖市、自治区1993～2011年的面板数据。西藏由于数据缺失严重而被剔除，剩下30个。重庆由于在1997年成为直辖市，在1993～1996年的数据根据其在其他年份所占四川的比例估计而得[①]。

4.3.4 模型设立

本章建立的模型为：

$$bgdp_{i,t} = \beta_0 + \beta_1 fs_{i,t} + \beta_2 res2_{i,t} + \beta_3 res3_{i,t} + \beta_4 fd_{i,t} + \beta_5 fs_{i,t} \times res2_{i,t} + \beta_6 fs_{i,t} \times res3_{i,t}$$
$$+ \beta_7 gfdi_{i,t} + \beta_8 gexp_{i,t} + \beta_9 gscale_{i,t} + \beta_{10} mark_{i,t} + \beta_{11} dummy_{98} + \beta_{12} dummy_{03}$$
$$+ \beta_{13} dummy_{08} + \mu_i + \varepsilon_{i,t}$$

本章通过分析金融结构与经济结构的交互项系数 β_5 和 β_6 的符号和显著性水平，来判断金融结构与经济结构间相互作用是否有效降低了我国人均实际GDP的波动。模型中加入了非观测效应项 μ_i，以控制各地区观测不到的又影响人均实际GDP波动的因素。面板数据统计如表4-1所示。

表4-1 面板数据的统计描述

变量名	平均值	最大值	最小值	标准差	样本数
bgdp	4.2303	143.8051	-9.2404	19.5918	570
fs	10.1670	206.9306	0	37.3931	570
Res2	45.8471	46.6534	61.5000	19.7597	570
Res3	37.7067	76.1000	25.4000	6.7795	570
fd	102.6155	308.8835	6.9649	34.4535	570
mark	51.0221	98.3255	15.6370	16.1705	570
gexp	19.4194	631.0021	-69.3351	36.8313	570
gscale	15.1699	57.9171	4.1557	7.3776	570
gfdi	31.6199	1226.7210	-92.0817	88.2889	570

资料来源：作者计算。

---

① 所有数据都来于各省统计年鉴、《新中国60统计资料汇编》《中国统计年鉴》《中国金融年鉴》《中国人民银行区域金融运行报告》和国泰安统计数据库。

4.4 实证结果分析和稳健性检验

4.4.1 基于全国数据的实证分析

回归结果报告在表 4 – 2 中。在表 4 – 2 中逐个加入控制变量，并对每个方程使用 Hausman 检验固定效应和随机效应。我们发现当对控制变量进行逐个控制以后，解释变量的系数符号与显著性都没有明显的变化，说明结果是稳健的。虽然变量 fs × res2、Gexp、Dummy98、Dummy08 的系数不显著，但我们还是将其保留在方程中，是因为这样可以减弱模型的内生性，进而得出更准确的结果。

表 4 –2 中的结果是直观的，具体分析如下：

1. 金融结构的所有系数为负，且在 1% 的水平上显著。表明从全国的层面上来看，金融结构越是以市场为主导，越能够降低经济的波动性。这可能是因为我国股市的发展起步较晚，股市的发展还不能完全满足经济对资金融通的需求，所以股市的发展对于降低经济波动的边际影响非常显著。

2. 第二产业和第三产业占 GDP 的比重系数都为负，第三产业前的系数明显大于第二产业前的系数，并在 1% 的水平上显著，说明第二、三产业的发展对于我国经济的发展起到稳定的作用，且第三产业的发展对于熨平经济波动的作用要明显强于第二产业的发展。

3. 金融发展的系数符号为负，模型（1）、（4）、（5）在 10% 的水平下显著，其余的都不显著，说明从全国层面上来说，金融发展在一定程度上能起到稳定经济的作用。

4. 交互项 fs × res2 的系数都不显著，说明我国的金融结构能满足第二产业的融资需求，不会对经济波动造成显著的影响。原因可能是我国的金融结构是以银行为绝对主导的，正如前面的分析那样，银行在为以固定资产密集型企业融资方面拥有比较优势，所以在这样的金融结构下，第二产业的融资需求能得到有效的满足，从而保持健康平稳发展，因此对经济的扰动作用较小。

5. 交互项 fs × res3 的系数在 1% 的水平上显著为正，说明我国的金融结构不能满足第三产业的融资需求，使第三产业中的企业不能得到平稳健康的发展，从而造成经济波动的放大。原因可能是在我国以银行为主导的金融结构中，由于直接融资市场的发育程度不够，而直接融资恰好在满足知识与无形资产密集型企业的融资需求方面拥有比较优势，这就造成了金融结构不能满足快速发展的第三产业融资需求的矛盾，从而对经济造成较大程度的扰动。

表 4-2　回归分析结果——全国

被解释变量：实际人均 GDP 波动率（bgdp）

解释变量	(1)	(2)	(3)	(4)	(5)	(6)	(7)	(8)
fs	-0.4171*** (0.1312)	-0.4412*** (0.1315)	-0.4383*** (0.1317)	-0.4235*** (0.1298)	-0.4155*** (0.1244)	-0.4197*** (0.1244)	-0.4042*** (0.1207)	-0.4062*** (0.1213)
res2	-0.3901*** (0.0636)	-0.2684*** (0.0908)	-0.2611*** (0.0916)	-0.4129*** (0.0975)	-0.4212*** (0.0945)	-0.4033*** (0.0927)	-0.3685*** (00.093)	-0.3683*** (0.0904)
res3	-0.9803*** (0.0846)	-0.8325*** (0.1157)	-0.8341*** (0.1158)	-0.9380*** (0.1168)	-0.9557*** (0.1129)	-0.9336*** (0.1118)	-0.9004*** (0.1088)	-0.9019*** (0.1092)
fd	-0.0200* (0.0124)	-0.0155 (0.0128)	-0.0513 (0.1128)	-0.0235* (0.0128)	-0.0228* (0.0123)	-0.0222* (0.0122)	-0.0079 (0.0121)	-0.0083 (0.0124)
fs×res2	0.0008 (0.0014)	-0.0008 (0.0014)	0.0008 (0.0014)	0.0007 (0.0014)	0.0007 (0.0014)	0.0007 (0.0014)	0.0007 (0.0013)	0.0007 (0.0013)
fs×res3	0.0097*** (0.0024)	0.010*** (0.0024)	0.0103*** (0.0024)	0.0100*** (0.0024)	0.0098*** (0.0023)	0.009*** (0.0023)	0.0095*** (0.0022)	0.0095*** (0.0022)
控制变量								
mark		-0.0598* (0.0319)	-0.0589 (0.0657)	-C.100*** (0.0330)	-0.0690** (0.0322)	-0.0713** (0.0139)	-0.0739** (0.0310)	-0.0728** (0.0317)
gexp			-0.0046 (0.0071)	-0.0053 (0.0069)	-0.0069 (0.0068)	-0.0068 (0.0067)	-0.0022 (0.0066)	-0.0022 (0.0066)
gscale				0.3057*** (0.0741)	0.2610*** (0.0721)	0.250*** (0.0711)	0.2237*** (0.0692)	0.0035 (0.0693)

续表

被解释变量	实际人均 GDP 波动率（bgdp）							
控制变量								
gfdi	0.0188*** (0.0026)	0.0188*** (0.0026)	0.0191*** (0.0027)	0.0189*** (0.0027)				
dummy08	-0.2162 (1.0536)	-0.2101 (1.0521)	0.0509 (1.0831)					
dummy03	-6.0451*** (1.0389)	-6.039*** (1.0375)						
dummy98	-0.02036 (1.0767)							
Cross section fixed	N	N	N	Y	N	N	N	N
Cross section random	Y	Y	Y	N	Y	Y	Y	Y
Period fixed	N	N	N	N	N	N	N	N
Period random	N	N	N	N	N	N	N	N
R-squared	0.3667	0.3667	0.3285	0.9263	0.2792	0.2565	0.2557	0.2506
Adjusted – R	0.3519	0.3501	0.3153	0.9209	0.2676	0.2459	0.2464	0.2426
样本数	570	570	570	570	570	570	570	570

注：括号中的数字是标准差；*，** 和 *** 分别表示 10%、5% 和 1% 的显著水平，下同。
资料来源：作者计算。

6. 控制变量符号和预期基本保持一致。市场化程度的提高能显著减弱经济的波动，原因可能是随着我国市场化进程的不断深入，以市场配置资源，使得资源的配置效率得到了不断的提高，从而有助于减弱经济的波动。政府规模的系数为正且显著，这表明地方政府对经济干预较大的地区，人均实际GDP的波动性较高，充分证明了地方政府的行为会对地区经济波动造成影响。出口增长率的系数不显著，与我国贸易依存度较高的现实不一致，这可能和我国出口在区域层面上高度集中有关。外商直接投资增长率的系数为正且显著，这表明外国资金的进入会对国内的经济波动产生影响。

4.4.2　区域层面的实证分析

就金融结构与经济波动关系的省际样本研究来说，在选取各省市作为样本时，存在样本异质性问题。因为经济的波动不仅受金融结构、经济结构、金融发展水平的影响，而且还受其他因素的影响与制约。由于我国地域辽阔，各地区之间的发展极不平衡，将所有的省市放在一起进行分析，会使得出的结论严重地受到样本异质性的干扰。若将发展程度相近或相差不大的省市进行分组检验，就能较好地克服这个缺陷。为此，本章按照经济发展程度将全国划分为东、中、西三组分别进行实证检验①，以和之前的全国性检验进行比较，同时也可作为全国性检验的稳健性检验。东、中、西部地区的检验结果分别报告在表4-3、表4-4、表4-5中。

从表4-3中可以看出：

1. 金融结构除了模型（1）、（2）显著为负之外，模型（3）~（8）都不显著，但符号仍保持一致。这说明在东部发达地区金融结构在熨平经济波动上仍然起作用，但作用不如全国层面明显。这可能是因为东部发达地区的金融结构中，股票融资额相对其他两个地区较大，直接融资发展相对成熟，能相对地满足企业对于融资的需求，所以金融结构在熨平经济波动上的边际影响就较小。

2. 与全国层面保持一致，第二产业和第三产业占GDP比重的系数仍然为负且显著，第三产业前的系数大于第二产业前的系数，这表明东部地区第三产业对于熨平经济波动的作用强于第二产业。

3. 交互项 fs×res2 的系数都不显著，说明东部地区的金融结构能够满足第二产业的融资需求，对经济波动的扰动程度不大。而交互项 fs×res3 在模型（1）~

---

① 其中，东部地区包括：北京、天津、河北、辽宁、上海、江苏、浙江、福建、山东、广东共十个省（市）。中部地区包括：山西、吉林、黑龙江、安徽、江西、河南、湖南、湖北共八个省。西部地区包括：内蒙古、海南、广西、重庆、四川、贵州、云南、陕西、甘肃、青海、宁夏、新疆共十二个省（市、区）。

表4-3　回归分析结果——东部地区

实际人均 GDP 波动率（bgdp）

解释变量	(1)	(2)	(3)	(4)	(5)	(6)	(7)	(8)
被解释变量								
fs	-1.1479* (0.6893)	-1.0975* (0.6894)	-1.0975 (0.6914)	-1.0595 (0.6926)	-0.9289 (0.7969)	-0.8874 (0.8017)	-0.8636 (0.7715)	-0.8411 (0.7441)
res2	-0.448*** (0.1218)	-0.2739** (0.1323)	-0.2823** (0.1332)	-0.2426* (0.1363)	-0.781*** (0.1914)	-0.791*** (0.1927)	-0.751*** (0.1857)	-0.7553*** (0.1862)
res3	-0.470*** (0.1101)	-0.354*** (0.1152)	-0.366*** (0.1167)	-0.3116** (0.1232)	-1.033*** (0.2262)	-1.042*** (0.2272)	-1.015*** (0.2187)	-1.0023*** (0.2205)
fd	0.0089 (0.0154)	0.0092 (0.0154)	0.0103 (0.0155)	0.0202 (0.0171)	-0.0122 (0.0196)	-0.0118 (0.0197)	0.0047 (0.0194)	0.0062 (0.0197)
fs × res2	0.0129 (0.0096)	0.0114 (0.0097)	0.0114 (0.0097)	0.0107 (0.0097)	0.0091 (0.0112)	0.0086 (0.0113)	0.0083 (0.0108)	0.0081 (0.0108)
fs × res3	0.0121** (0.0059)	0.0127** (0.0059)	0.0127** (0.0059)	0.0126*** (0.0060)	0.0114* (0.0068)	0.0110 (0.0068)	0.0107 (0.0066)	0.0104 (0.0067)
控制变量								
mark		-0.087*** (0.0256)	-0.084*** (0.0259)	-0.079*** (0.0263)	0.0717 (0.057)	0.0752 (0.0576)	0.0718 (0.0554)	0.0650 (0.0568)
gexp			0.0057 (0.0079)	0.0041 (0.0081)	-0.0044 (0.0084)	-0.0051 (0.0085)	-0.0026 (0.0082)	-0.0023 (0.0082)
gscale				-0.2536 (0.1816)	-0.2620 (0.2753)	-0.2877 (0.2794)	-0.3467 (0.2693)	-0.3441 (0.2699)

续表

被解释变量	实际人均 GDP 波动率（bgdp）							
控制变量	(1)	(2)	(3)	(4)	(5)	(6)	(7)	(8)
gfdi	0.1513							
gfdi					0.0144** (0.0058)	0.0141** (0.0058)	0.0142** (0.0056)	0.0142** (0.0056)
dummy08						-0.9925 (1.715)	-1.2190 (1.6519)	-1.1965 (1.6558)
dummy03							-6.238*** (1.6380)	-6.2066*** (1.6423)
dummy98								0.9665 (1.7219)
Cross section fixed	N	N	N	N	Y	Y	Y	Y
Cross section random	Y	Y	Y	Y	N	N	N	N
Period fixed	N	N	N	N	N	N	N	N
Period random	N	Y	N	N	N	N	N	N
R-squared	0.1513	0.1974	0.1994	0.2073	0.3386	0.3399	0.3924	0.3935
Adjusted - R	0.1235	0.1665	0.1641	0.1677	0.2647	0.2618	0.3164	0.3136
样本数	190	190	190	190	190	190	190	190

资料来源：作者计算。

表4－4

回归分析结果——中部地区

被解释变量：实际人均 GDP 波动率（bgdp）

解释变量	(1)	(2)	(3)	(4)	(5)	(6)	(7)	(8)
fs	-1.0369** (0.4332)	-0.540*** (0.1816)	-0.5811*** (0.1845)	0.4924 (0.4381)	0.2799 (0.4379)	0.2762 (0.4386)	0.2793 (0.4347)	0.2409 (0.4361)
res2	-0.302*** (0.0883)	-0.0532 (0.0730)	-0.0591 (0.0731)	-0.434*** (0.1471)	-0.472*** (0.1450)	-0.461*** (0.1458)	-0.423*** (0.1401)	-0.4332*** (0.1464)
res3	-0.947*** (0.1405)	-0.324*** (0.1184)	-0.3266*** (0.1182)	1.4445*** (0.2275)	-1.473*** (0.2234)	-1.443*** (0.2267)	-1.391*** (0.2266)	-1.4054 (0.2269)
fd	-0.0314 (0.01997)	-0.018*** (0.0123)	-0.0206* (0.0124)	-0.086*** (0.0238)	-0.083*** (0.0234)	-0.084*** (0.0235)	-0.075*** (0.0238)	-0.0830*** (0.0248)
fs×res2	0.0071 (0.0046)	-0.0055** (0.0022)	0.0059*** (0.0022)	-0.0102* (0.0051)	-0.0084* (0.0050)	-0.0083 (0.0050)	-0.0083* (0.0049)	-0.0077 (0.0050)
fs×res3	0.01674** (0.0079)	0.0073** (0.0032)	0.0080** (0.0032)	-0.0047 (0.0078)	-0.0012 (0.0078)	-0.0013 (0.0078)	-0.0012 (0.0077)	-0.0090 (0.0077)
控制变量								
mark		-0.0577 (0.0425)	-0.0589 (0.0424)	-0.186*** (0.0697)	-0.1553** (0.0696)	-0.1748** (0.0738)	-0.1815** (0.0733)	-0.1782** (0.0733)
gexp			0.0106 (0.0089)	-0.0172 (0.0134)	-0.0138 (0.0132)	-0.0104 (0.0139)	-0.0078 (0.0138)	-0.0069 (0.0139)
gscale				0.974*** (0.1794)	0.9088*** (0.1794)	0.9514*** (0.1859)	0.9211*** (0.1850)	0.9361*** (0.1854)

续表

被解释变量	实际人均 GDP 波动率（bgdp）							
控制变量								
grdi					0.0134** (0.0053)	0.0139** (0.0054)	0.0135** (0.0053)	0.0132** (0.0053)
dummy08						1.3566 (1.7049)	1.2592 (1.6908)	1.2612 (1.6902)
dummy03							−2.8424* (1.5503)	−2.8489* (1.5497)
dummy98								−1.6760 (1.5977)
Cross section fixed	N	Y	Y	Y	Y	Y	Y	Y
Cross section random	Y	N	N	N	N	N	N	N
Period fixed	N	N	Y	N	N	N	N	N
Period random	Y	Y	N	N	N	N	N	N
R-squared	0.3441	0.9488	0.9494	0.6305	0.6472	0.6488	0.6576	0.6604
Adjusted − R	0.3169	0.9351	0.9353	0.5867	0.6024	0.6013	0.6083	0.6086
样本数	152	152	152	152	152	152	152	152

资料来源：作者计算。

表4-5　　　　回归分析结果——西部地区

被解释变量　实际人均 GDP 波动率（bgdp）

解释变量	(1)	(2)	(3)	(4)	(5)	(6)	(7)	(8)
fs	-1.8487*** (0.6413)	-1.5932** (0.6194)	-16001** (0.6230)	-1.2692** (0.6184)	-1.1554** (0.5850)	-1.2187** (0.5818)	-1.1080* (0.5714)	-1.1115* (0.5728)
res2	-0.3336*** (0.1067)	0.1951 (0.1612)	0.1919 (0.1637)	-0.0269 (0.1751)	-0.0192 (0.1655)	-0.0189 (0.1582)	-0.0178 (0.1623)	-0.0159 (0.1628)
res3	-1.0167*** (0.1596)	-0.5199*** (0.1927)	-0.5204*** (0.1934)	-0.6025*** (0.1913)	-0.645*** (0.1810)	-0.686*** (0.1816)	-0.633*** (0.1787)	-0.636*** (0.1794)
fd	-0.01556 (0.0247)	0.0051 (0.0242)	0.0052 (0.0243)	-0.0123 (0.0245)	-0.0058 (0.0232)	-0.0170 (0.0231)	0.0055 (0.0230)	0.0040 (00236)
fs × res2	-0.007** (0.0028)	0.0061** (0.0027)	0.006** (0.0028)	0.005** (0.0027)	0.0044* (0.0026)	0.0047* (0.0026)	0.0044* (0.0025)	0.0044* (0.0025)
fs × res3	0.040*** (0.0142)	0.0350** (0.0137)	0.0352** (0.0138)	0.027** (0.0137)	0.0252* (0.0130)	0.0267* (0.0129)	0.0241* (0.0127)	0.0242* (0.0127)
控制变量								
mark		-0.2458*** (0.0577)	-0.2464*** (0.0579)	-0.3204*** (0.0611)	-0.2644*** (0.0588)	-0.2359*** (0.0577)	-0.2539*** (0.0580)	-0.2510*** (0.0589)
gexp			0.0023 (0.0146)	-0.0010 (0.0143)	-0.0035 (0.1357)	-0.0036 (0.0137)	0.0054 (0.0136)	0.0052 (0.0136)
gscale				0.341*** (0.1063)	0.2661*** (C.1016)	0.2259** (0.1004)	0.2419** (0.1102)	0.2412** (0.10048)

续表

被解释变量	实际人均 GDP 波动率（bgdp）							
控制变量								
gfdi					0.0186*** (0.0037)	0.0200** (0.0037)	0.0187*** (0.0036)	0.0187*** (0.0036)
dummy08						0.7833 (1.8861)	0.4996 (1.8421)	0.4909 (1.8463)
dummy03							-6.205*** (1.8008)	-6.226*** (1.8061)
dummy98								-0.5795 (1.8714)
Cross section fixed	N	N	N	Y	Y	N	Y	Y
Cross section random	Y	Y	Y	N	N	Y	N	N
Period fixed	N	N	N	N	N	N	N	N
Period random	N	N	N	N	N	N	N	N
R-squared	0.1928	0.2562	0.2576	0.9575	0.9622	0.2843	0.9643	0.9643
Adjusted - R	0.1709	0.2325	0.2305	0.9534	0.9583	0.2479	0.9603	0.9601
样本数	228	228	228	228	228	228	228	228

资料来源：作者计算。

（5）中都是显著的，但在模型（6）~（8）中不显著，表明在东部地区，金融结构与第三产业的发展在一定程度上也是不匹配的，不能完全满足第三产业中企业的融资需求，对经济波动起到放大的作用。但没有全国层面严重。原因是东部地区的直接融资在全国是最发达的，在一定程度上满足了知识和无形资产密集型企业的融资需求，但是资本市场的发育程度还不够完善。

4. 金融发展的系数都不显著，可能是因为东部发达地区的金融发展程度已经到了相当的程度，其对于稳定经济的边际影响已经很有限。

5. 在控制变量中，市场化程度的系数在模型（5）~（8）中为正，但是不显著，而在模型（2）~（4）中是显著为负的，说明在东部地区市场化在熨平经济波动方面也发挥作用。与全国层面一致，出口增长率仍然是不显著的。而在东部地区，政府规模的系数变为不显著，这可能是因为东部地区的市场化程度在全国是最高的，主要依靠市场配置资源，政府扮演服务的角色，对于经济的干预较少，所以政府干预对经济波动的影响较微弱。外商直接投资增长率的系数符号与全国层面保持一致且在5%的水平下显著，表明外商直接投资也是东部地区经济波动的重要因素。

从表4-4中可以看出：

1. 金融结构的系数在模型（1）~（3）中都为负且显著，其余的方程中其系数都不显著，但显著程度高于东部地区，表明中部地区金融结构仍对于降低经济波动的作用高于东部地区，原因可能是因为中部地区的直接融资不如东部地区发达，因而直接融资对于降低经济波动的边际影响较大。

2. 与全国层面和东部地区保持一致，第二产业占比与第三产业占比的系数为负且大都在1%水平下是显著的，其中第三产业占比的系数大于第二产业占比的系数，说明在中部地区发展第三产业比第二产业对于稳定经济的作用更大。

3. 除模型（1）外，金融发展的系数都是显著为负的，这表明相对于东部地区，中部地区的金融发展程度相对较低，因此其对于熨平经济波动的边际作用要强于东部地区。

4. 交互项 fs×res2 的系数除了在模型（1）、（6）、（8）中不显著外，其余的都显著为负，表明中部地区的金融结构与第二产业的发展是相匹配的，仍然是由于其以银行为主导的金融结构对第二产业中的固定资产密集型企业融资的比较优势。交互项 fs×res3 在模型（1）~（3）中都显著为负，其余的不显著，说明中部地区的间接融资市场也是不能满足第三产业中知识和无形资产密集型企业融资需求的，因而对经济波动起到放大作用。

5. 与全国层面和东部地区相同的是，控制变量中的市场化程度能熨平经济波动，外商直接投资增长率能显著地加剧经济波动，而出口增长率不显著。政府规模在1%的水平下显著为正,表明中部地区,地方政府对经济的干预较强,造成的影响较大。

从表4-5中可以看出:

1. 金融结构的系数都是显著为负的,表明金融结构在抑制经济波动方面作用非常明显,且要强于东部和中部地区。原因可能是西部地区的直接融资是最不发达的,因此直接融资比例的增加将对经济波动产生的边际影响最大。

2. 第二产业占比的系数大都为负,除模型(1)外,其余的都不显著。第三产业占比的系数都为负且在1%的水平下显著,其系数还明显大于第二产业占比的系数。表明在西部地区发展第三产业对于稳定经济波动的作用要大于第二产业。

3. 金融发展的系数都是不显著的,且系数的符号不稳定,因此不能确定在西部地区金融发展对于经济波动的作用。

4. 交互项 fs × res2 的系数除模型(1)之外都是显著为正的,交互项 fs × res3 的系数显著为正,表明西部地区的金融结构对于第二产业和第三产业的发展都是不匹配的,都对经济波动起到放大作用,但 fs × res2 的系数要明显小于 fs × res3 的系数,说明西部地区以银行为主导的金融结构对于第二产业中企业融资需求的满足程度要高于对第三产业中企业融资的满足程度,因此金融结构与第二产业占比的相互作用造成的经济波动较小。

5. 所有的控制变量中市场化程度与东、中部地区保持一致,能显著降低经济波动,出口增长率仍然是不显著的。政府规模的系数显著,说明西部地区政府的干预依然影响较大。外商直接投资增长率显著,说明外资影响经济波动明显。

4.5 结论及建议

本章利用我国30个省市1993~2011年的面板数据,通过检验金融结构、经济结构与我国实际人均GDP波动率的关系,考察金融结构对我国经济波动的影响。本章实证分析结果发现:

1. 不论是从全国层面,还是从东、中、西部地区来看,金融结构、经济结构中第二产业的发展都起到了稳定经济波动的作用,且除西部地区外,第二产业的发展与金融结构的交互作用都起到了稳定经济波动的作用。全国层面和东、中、西部地区第三产业的发展虽然对经济的波动起到熨平的作用,但其与当前以银行为主导的金融结构的交互作用却使经济的波动加剧。这说明我国的金融结构和第二产业的发展总体是匹配的,和第三产业的发展是不匹配的,直接融资市场的发展滞后于我国的产业升级。

2. 从东、中、西部地区来看，金融结构的发展在显著程度上依次上升，金融结构对于经济波动的稳定作用依次增强，这表明各地区间金融结构作用于经济波动是有差异的，这与我国区域间金融与经济发展不平衡有关。

3. 虽然第二产业与金融结构的相互作用在东、中部地区都起到了稳定经济波动的作用，但在西部地区确是加剧了经济的波动，说明在西部地区，以银行为主的间接融资服务没能较好地满足第二产业中企业对于融资的需求。

综上所述，本章提出如下建议：

1. 加强监管，并引导股票市场健康发展。自我国对外开放以来，经历了从国外引进产品和技术的阶段，现在发展到在一些领域能够自主研发和创新，产业结构已经发生了较大的变化，第三产业的比重逐年上升，因此股票市场在配置资金方面的作用也越来越突出。由本章的分析可知，我国直接融资的发展滞后于产业结构的升级，因此应该引导股票市场的健康发展有重要的意义。

2. 因地制宜，针对不同的地区实施不同的金融措施。由于我国地域辽阔，各地区间的发展不平衡，东部沿海地区由于开放较早，发达程度高于中西部地区，从前面的分析中也看出，在西部地区金融结构同时滞后于第二、第三产业的发展，而在中、东部地区，金融结构滞后于第三产业的发展，因西部地区在现有的基础上还应该加强间接融资的建设，并同时注重培育直接融资市场。而在中、东部地区主要应该建设直接融资市场。

本章参考文献

[1] 干春晖，郑若谷，余典范. 中国产业结构变迁对经济增长的影响 [J]. 经济研究，2011 (5)：4 - 16.

[2] 王翔，李凌. 中国的金融发展、经济波动与经济增长：一项基于面板数据的研究 [J]. 上海经济研究，2009 (2).

[3] 方福前，詹新宇. 产业结构升级对经济波动的熨平效应分析 [J]. 经济理论与经济管理，2011 (9)：5 - 15.

[4] 白当伟. 金融发展与内生经济波动 [J]. 经济学家，2004，16 (2)：87 - 93.

[5] 朱彤，漆鑫，李磊. 金融发展、外生冲击与经济波动——基于我国省级面板数据的研究 [J]. 商业经济与管理，2011 (1).

[6] 刘树成，张晓晶，张平. 实现经济周期波动在适度高位的平滑化 [J]. 经济研究，2005 (11)：10 - 21.

[7] 杜婷，庞东. 金融冲击与经济波动的相关性：三个视角的分析 [J]. 中央财经大学学报，2006 (10)：38 - 43.

[8] 李云娥. 宏观经济波动与产业结构变动的实证研究 [J]. 山东大学学报（哲学社会科学版），2008 (3)：120 - 126.

［9］李强. 产业结构变动加剧还是抑制经济波动［J］. 经济管理研究，2012（7）：29 – 37.

［10］杨天宇，刘韵婷. 中国经济结构调整对宏观经济波动的"熨平效应"分析［J］. 经济理论与经济管理，2011（7）：47 – 55.

［11］骆振心，杜亚斌. 银行业发展与中国宏观经济波动：理论及实证［J］. 当代经济科学，2009（1）.

［12］董利. 金融发展与我国经济增长波动性实证分析［J］. 经济管理，2006，14（11）：84 – 87.

［13］Acemoglu, D. and Zilibotti, F., 1997, "Was Prometheus Unbound by Chance? Risk, Diversification, and Growth"［J］. Journal of Political Economy, 105（4）：709 – 751.

［14］Aghion, P., BANERJEE, A. and Piketty, T., 1999, "Dualism and Macroeconomic Volatility"［J］. The Quarterly Journal of Economics, 114（4）：1359 – 1397.

［15］Bacchetta, P. and Caminal, R., 2000, "Do Capital Market Imperfections Exacerbate Output Fluctuations?"［J］. European Economic Review, 44（3）：449 – 468.

［16］Beck, T., Lundberg, M. and Majnoni, G., 2006, "Financial Intermediary Development and Growth Volatility：Do Intermediaries Dampen or Magnify Shocks?"［J］. Journal of International Money and Finance, 25（7）：1146 – 1167.

［17］Bernanke B, Gertler M, G Ilchrist S. Financial Accelerator and the Flight to Quality［J］. The Review of Economics and Statistics, 1996, 78（1）：1 – 15.

［18］Bernanke B, Gertler M. Agency Costs, Net Worth, and Business Fluctuations［J］. American Economic Review, 1989, 79（1）：14 – 31.

［19］Caballero, R. J. and Krishnamurthy, A., 2001, "International and Domestic Collateral Constraints in a Model of Emerging Market Crises"［J］. Journal of Monetary Economics 48（3）：513 – 548, 2001.

［20］Denizer, C. A., Iyigun, M. F. and Owen, A., 2002, "Finance and Macroeconomic Volatility"［A］. in Contributions to Macroeconomics：1 – 30.

［21］Eggers A, Ioannides Y. The Role of Output Composition in the Stabilization of U. S Output Growth［J］. Journal of Macroeconomics, 2006, 28（3）：585 – 595.

［22］Hahn, F. R., 2003, "Financial development and Kiyotak in, Moore J. Credit Cycles"［J］. Journal of Political Economics, 1997, 105（2）：211 – 248.

［23］Lopez, J. A. and Spiegel, M. M., 2002, "Financial Structure and Macroeconomic Performance Over the Short and Long Run"［A］. Pacific Basin Working Paper Series 02 – 05, Federal Reserve Bank of San Francisco.

［24］"Macroeconomic Volatility Evidence from OECD Countries"［A］. WIFO Working Paper 198.

［25］Peneder M. Industrial Strucure and Aggregate Growth［Z］. WIFO Working Paper. Austrian Institute of Economic Research, Vienna, 2002.

［26］Raddatz, C., 2006, "Liquidity Needs and Vulnerability to Financial Under development"［J］. Journal of Financial Economics, 8（3））：677 – 722.

［27］ Silva, G. , 2002, "The Impact of Financial System Development on Business Cycles Volatility: cross-country Evidence"［J］. Journal of Macroeconomics, 24 (2): 233 – 253.

［28］ Stock J H, Watson M W. Has the Business Cycle Changed and Why?［C］. NBER Macroeconomics Annual, Cambridge: The MIT Press, 2002.

［29］ Tiryaki, G. F. , 2003, "Financial development and Economic Fluctuations"［A］. METU Studies in Development, 30: 89 – 106.

第5章

我国产能过剩的微观形成机制研究[*]

5.1 引　言

在 2008 年全球金融危机的背景下，我国采取了一系列以大幅增加投资为主的应对措施，从而保持了国家经济上的总体稳定增长。但随着投资规模的迅速扩张，部分产业也出现了产能过剩的问题。早在 2009 年 9 月，国务院转批国家发改委等部门就明确指出：我国钢铁、水泥、平板玻璃、煤化工、多晶硅、风电设备、电解铝、造船、大豆压榨等行业的产能过剩矛盾十分突出，必须尽快抑制产能过剩和重复建设，以实现产业的良性发展[1]。而在 2013 年 10 月，国务院等部门又明确指出：受国际金融危机的深层次影响，国际市场持续低迷，国内需求增速趋缓，我国部分产业供过于求矛盾日益凸显，高消耗、高排放等行业尤为突出[2]。由此可见，我国钢铁等行业仍然没有完全解决产能过剩这个老问题，同时部分新兴产业也开始出现产能过剩的迹象。对于重复建设、过度投资等问题，我国长期以包括市场准入、项目审批、供地审批、贷款行政审核、强制性清理等手段来进行治理，但是治理效果并不明显。其一表现就是，企业仍在扩大其规模，扩充产能；其二就是行业的投资效率低下，落后产能不愿退出。

那么什么是产能过剩？导致过度投资、产能过剩等问题长期存在的原因是什么呢？为了解答这些问题，本章对国内外文献进行了大量的阅读研究及系统梳理，并试图从新的视角以构建理论模型的方式做到力所能及的探讨。

5.2　产能过剩问题的研究综述

在计划经济时代，"短缺"是我国产品供求的常态。随着社会主义市场经济

＊　四川省金融学会 2014 年重点研究课题。作者：郑长德、梁爽。
[1]　国务院：《关于抑制部门行业产能过剩和重复建设引导产业健康发展的若干意见》。
[2]　国务院：《关于化解产能严重过剩矛盾的指导意见》。

体制的建立，我国从 20 世纪 90 年代开始，逐步告别了短缺经济时代，由卖方市场逐渐向买方市场转变。随之而来，我国又出现了"产能过剩"的现象。生产能力大于需求是市场经济的常态，但是当生产能力超过有效需求达到一定程度时，便会形成产能过剩，从而给经济运行带来严重危害。在我国经济的快速增长过程中，产能过剩问题已逐渐为人们所关注，特别是 2008 年以来，在全球金融危机的背景下，我国产能过剩问题更是成为宏观管理和理论研究的热点问题之一。根据对现有文献的梳理，这一部分将从以下几个方面进行阐述，即我国学者对产能、产能过剩概念的不同界定，我国产能过剩问题的主要表现形式及国内外对产能过剩产生原因的不同观点。

5.2.1　基本概念

本章涉及的相关概念包括产能、产能过剩等。关于产能，在现有文献中，按照生产所涉及的范围，我国学者从微观、中观和宏观等三个层次对产能过剩的概念进行了细致的划分和描述。

微观产能概念。在这一层次上，国内学者基本上是借鉴西方的企业产能概念来给微观产能下定义。如借鉴威廉姆·史蒂文森（William J. Stevenson）的"生产能力是指一个作业单元满负荷生产时所能处理的最大限度"的观点，丁世勋等（2010）认为，产能通常是指在一定时期内，企业参与生产的全部固定资产在既定的技术与条件下，所能生产的产品数量或能处理的原材料数量。而陈志（2010）借鉴美国生产与库存管理学会对产能的定义，认为生产能力是假设在一定的技术条件下，企业将劳动力和资本等生产要素按某种方式组合所形成的产出能力。

中观产能概念。王兴艳（2007）从行业的角度对产能的概念进行了定义，认为产能是指整个行业的生产能力。具体来说就是，在一定时期内，一定的技术组织条件下，行业的全部生产性固定资产经过综合平衡后所能生产的一定种类的产品的最大数量。

宏观产能概念。张晓晶（2006）认为，宏观产能是指整个社会在给定技术、偏好以及制度的前提下，所有各类资源（如资本、劳动等）正常限度地得到充分有效利用时所能实现的产出水平。

综上，我们可以看出，虽然对于产能概念的定义分别从三个层次进行了细致划分，但是这三个层次的划分基本都是构建了产能是资本存量及劳动力等生产要素的函数，即认为，产能就是在一定的技术条件下，以一定的资本存量和劳动力组合所能形成的最大产出数量。

产能过剩一语，在社会主义宣传中多用于批判资本主义自由经济，源于马克思《资本论》中"剩余价值理论"中的消费与剥削差距的推论。马克思认为，资本的生产过剩包含商品的生产过剩，而资本的生产过剩仅仅是指可以用来按一定剥削程度剥削劳动的生产资料的过剩，而这个剥削程度一旦下降到一定点以下，就会引起资本主义生产过程的混乱、停滞、甚至是危机①。中国是在 20 世纪 90 年代开始出现产能过剩的提法，学者们也尝试着从不同方面对产能过剩进行定义。

1. 产能过剩是指产能大于需求量达到一定程度。王岳平（2007）认为，产能过剩就是生产能力大于需求，并且只有当供过于求的产能数量超过维持市场良性竞争所必要的限度时，这时的生产能力才是过剩的生产能力。

2. 产能过剩是指产能大于生产量达到一定程度。周劲（2007）认为，在一定时期内，当某行业已经实现的生产能力（不包括规划能力等未实现能力）在一定程度上高于该行业的实际产出数量（或产值），并且超过了该行业的正常水平范围时，就可以认为该行业出现了产能过剩的问题。

3. 产能过剩是指产能大于生产量和消费量均达到一定程度。王立国（2010）认为，对于产能过剩概念的界定应从其产生原因入手，可以理解为：由于周期性、结构性及体制性等原因的存在而造成的实际生产量和消费量均严重偏离最佳产出水平（一定技术水平下全要素投入所形成的产出水平）的现象。

成熟市场经济体出现的产能过剩现象通常是由宏观经济波动引起的，这时的产能过剩往往会涉及大部分行业并带有明显的周期性特征，即随着宏观经济的恢复，产能过剩现象也自行消失。而中国近年来出现的产能过剩现象表现频率较高，持续时间较长，且只发生在部分行业，并且与宏观经济的高速增长相伴。根据现有文献的梳理，我国学者普遍将经济转轨时期我国出现的产能过剩现象分为如下三类表现形式：

周期性产能过剩。即经济体因处于快速发展的工业化阶段而产生的产能过剩。陶忠元（2011）指出，在产品成长期和产业大量进入期，企业的大量涌入会使产业总体规模快速扩张，产能利用率逐步上升；当进入产品标准期和产业成熟期后，产业扩张速度趋于平缓，产品供求规模也逐步攀升至顶峰，产能利用率经峰值后开始出现下滑，产能过剩现象开始显现；进入产业衰退期后，市场需求会出现明显的萎缩，产能利用率也进一步下降，产能过剩表现更趋严重。

结构性产能过剩。即指出现在某些产业内的不同品种产品间，供给不足与供给过剩相并存的现象。周劲等（2011）认为，我国产能过剩现象较大程度上是由于产业结构调整滞后于需求结构升级，因此在特征上更多地表现为"结构性产能

---

① 卡尔·马克思：《资本论》（第 3 卷），人民出版社 1975 年版，第 285 页。

过剩"。具体来说就是，一方面，以基本消费品为代表的轻工产品市场日趋饱和，而由于沉没成本的存在，落后产能不愿退出，并且还有新的产能不断进入；另一方面，市场需求不断由低端、低附加值产品转向高端、高附加值产品，导致需求结构和产业结构已经开始不符。

体制性产能过剩。即在经济转轨时期，在资源要素价格由于地方政府干预而出现扭曲的条件下，企业投资行为由于政企合谋而偏离最优投资水平，进而出现产能过剩的现象。耿强等（2011）指出，在现有的体制背景下，地方政府由于受到财政及政治晋升等激励，会有强烈的通过各种优惠政策而进行招商引资的动机。土地产权的模糊、环境保护体制上的严重缺陷及金融机构软约束问题的存在都会导致企业的过度投资行为和行业内的产能过剩，并进而对宏观经济稳定产生巨大冲击。

目前，过度投资能够导致产能过剩已经在学术界达成共识。而对于产能过剩，也就是过度投资问题形成原因的研究，学术界一直试图从多个不同方面进行解释。

5.2.2　国外研究现状

在西方发达国家，企业过度投资行为往往归因于，由于委托代理问题的存在而引发的管理者对于资本利益的追求。国外学者对此问题的解释普遍从管理者、股东和债务持有人之间的潜在利益冲突出发。他们之间的利益冲突以及信息不对称和不完全契约问题的存在会影响资本结构、公司治理和投资决策，进而导致管理决策的无效和次优的投资水平，最终引发投资不足或过度投资的问题。

通过对已有文献的梳理，我们发现管理者、股东和债务持有人之间的利益冲突可能会使管理者采取如下行为：

出于自身利益而忽略股东的投资项目偏好，进而选择一些不能够提供足够收益率水平的低风险的次优投资项目。延森和梅克林（Jensen and Meckling，1976）、加莱和马苏利斯（Galai and Masulis，1976）、延森（Jensen，1986）、斯塔尔茨（Stultz，1990）都指出，过度投资问题与管理者滥用决策制定权的行为有关，管理者采用没有利润的或者是高风险的投资项目，可能会损害股东以及债务持有人的利益。

出于股东的利益而制定最大化股权价值而非企业价值的投资决策。一般来说，最大化股权价值的行为与最大化企业价值的行为并不一致，企业资产价值可以分解为股权价值和债务价值，如果保持企业价值不变，减少债务价值而增加股权价值，债务持有人的财富就会转移向股东。格林布莱特和蒂特曼（Grinblatt and Titman，2001）指出，一个投资项目的净现值计算可采用两种方式，即实体现金流量法和股东现金流量法。一个项目的净现值可能以股东现金流量法计算为负，而以实体现金流量法计算为正。换句话说，管理者可能会出于股东利益的考虑，忽略能为企业创造价值的投资项目，而选择更具风险的可能不会为企业带来价值，只对股东有利的投资项目。

那么，管理者出于不同目的的行为是如何导致企业过度投资行为的发生呢？毛里齐奥·拉卡，阿尔菲奥·卡罗拉和蒂齐亚纳·拉卡（Maurizio La Rocca, Alfio Cariola and Tiziana La Rocca，2005）认为企业的过度投资行为可以划分为管理者的过度投资和风险项目的过度投资。根据这种划分方式，我们可以将文献梳理如下：

（1）管理者的过度投资问题。管理者的过度投资问题基于一个前提假设，即管理者与股东不同，他们更强调自身的重要性。延森和梅克林（Jensen and Meckling，1976）认为，管理者强调自身重要性的假设导致了管理者和股东之间的利益冲突，这种利益冲突导致了管理者的机会主义行为，进而引起了企业整体价值的减少。津格莱斯（Zingales，1998）、乔森塔木塔（Jostarndt，2002）提出，管理者考虑的并不是股票价值的最大化，而是企业的经济利润、他们的自身价值。更一般地说，管理者的投资行为其实是一种提升自己人力资本的手段。由于这些原因，管理者有时会制定一些并非有效率的投资决策，这种决策的目标只是增加他们自己的私人利益，而并不考虑这种决策对股东利益造成损害的可能性。

管理者的过度投资问题有多种形成原因。延森（Jensen，1986）将过度投资行为与管理者如何运用企业资金联系起来。当缺少能够盈利并为企业提供增长潜力的投资机会时，管理者更偏好出于机会主义目的而使用自由现金流，而不是将其以股息形式返给股东。延森（Jensen，1986）、斯塔尔兹（Stulz，1990）指出，超过最优水平的企业规模扩张，并且这种扩张行为直接由管理者控制，会给管理者带来更高的工资水平以及更高的威望和更多的权力（帝国构建现象）。如果企业本身没有什么增长潜力，企业规模的过度增长会与股东的利益形成直接对比。这种帝国构建偏好会刺激管理者将全部可使用的资金进行投资以扩大企业规模，而不是增加企业价值。墨菲（Murphy，1985）证明了管理者的工资水平与企业规模的增长率有关。德格里斯和德朗（Degryse and De Long，2001）更进一步指出，只要能够扩大企业规模，管理者甚至会投资净现值为负的项目。

管理者的过度投资问题还有其他方面的原因，比如，施莱费尔和维斯尼（Shleifer and Vishny，1989）指出，管理者为了提高自身的人力资本，使企业的经营管理与他们自身密不可分，甚至会投资净现值为负的投资项目（壕沟防御）。很多学者将管理者的一系列自我保卫机制，即通过制定企业的发展战略以提高自己的声誉，强调他们自身的能力而不是企业价值，定义为壕沟防御。根据这种方式，一种依赖关系形成，即管理者的重要性仅与其自身能力、自我价值有关，而不是他们是否有能力维持企业的竞争优势。贝克（Baker，2000）指出，一般来说，管理者都有维系自己以往进行投资但目前业绩表现较差项目的倾向，因为一旦对该项目进行清算或退出，都表明了管理者之前做出的投资决策的失败。

过度自信也是管理者过度投资问题的一种形成原因。斯坦（Stein，2001）指出，管理者出于强大的信心和股东利益最大化的目标，可能高估了自己的能力，甚至对于企业的经营管理活动过于乐观，以至于他们所投资的项目并不是真的能够带来正的净现值。玛曼蒂尔和塔特（Malmendier and Tate，2004）将这种行为定义为"心理误差"，即管理者认为他比其他人了解更多的信息，或者是其他人认为管理者拥有更强的获得信息的能力。由于过度自信，管理者真正了解到的风险可能会低于其真实水平，因为他们没能考虑到投资项目的所有不确定性。比如，兼并收购过程中的过高支付可能就是由于对未来收益和兼并效果抱持过度乐观态度所导致的。卡普兰（Kaplan，1989）观察到在20世纪80年代出现的大量兼并收购行为并没有为股东带来价值增加，而只是引发了过度投资问题。

（2）高风险项目的过度投资。延森和梅克林（Jensen and Meckling，1976）指出，高风险项目的过度投资（也叫风险转移或资产替代）产生了股东和债务持有人之间的利益冲突。在债务合同达成后，管理者出于股东利益，新投资的项目风险高于企业投资项目的平均风险，这样会通过杠杆效应将财富从债务持有人转移至股东，这种行为也增加了危机及破产的可能性。这一过程具体来说就是，由于股权的有限责任，股东和管理者出于股东的利益，他们更偏好于投资高风险项目，一旦取得资金，管理者可能会使用这些资金从事高风险项目。因为相对于投资的风险水平，企业会以较低的利率水平获得资金，这样企业的总债务成本会降低；另一方面，在这种情况下，如果债务的价格取决于已经存在的项目的风险水平，高风险项目将会导致债务的贬值，债务持有人收到的是相对于本能获得的收益更低的收益，债务持有人的利益形成损失。最终，债务的市场价值下降，股票的市场价值会增加（只要企业的贝塔值保持不变），财富因此从债务持有人转移至股东。

近年来，国外学者对中国的投资问题也产生了浓厚的研究兴趣。阿齐兹和达纳韦（Aziz and Dunaway，2007）认为，由于较低的银行贷款利率和大量的留存收益使得投资所需的资金成本低廉，中国企业因此有很强的投资意愿，并且投资回报率也是可观的。巴内特和布鲁克斯（Barnett and Brooks，2006）证明了中国非国有部门是近年来投资激增的主要贡献者，并且他们的投资资金主要来源于企业利润增长的留存收益。科耐特和丁（Knight and Ding，2010）认为高增长预期和投资信心源于中国的"发展中国家"的现状。丁、瓜里利亚和科耐特（Ding，

Guariglia and Knight，2010）运用 100000 家企业在 2000 ~ 2007 年的年度数据研究讨论了一个热点问题：中国企业过度投资了吗？他们首先计算投资效率，发现投资效率与过度投资之间存在反向关系。尽管不同所有制、行业和地区之间有很大的差异，但是他们发现随着时间的推移，企业投资在中国已经变得越来越有效率。他们同时发现了所有类型的企业都存在过度投资的证据，即使是在最有效率、最具利润的私营部门。对于这种现象，在私营部门中，现金流假说是一个很好的解释，而对于国有部门来说，过度投资主要是由于银行对企业的审查监管不力导致的。

5.2.3　国内研究现状

与国外学者不同，国内学者对于产能过剩问题的形成原因更多地关注宏观层面，而从微观企业层面的关注明显不足，目前主要形成以下几种观点：

（1）"市场失灵"说。也就是市场性因素。已有文献关注的市场失灵主要包括市场波动导致的不确定性和行业竞争导致的不确定性。周业樑等（2007）指出，预期是产能过剩形成的原因之一，产能过剩仅仅是一种事后形成的分析方式或方法，其根本原因在于市场需求是不确定的，是会变化的，并且投资和现实产出之间存在时滞。张晓晶（2006）认为，产能过剩从规模经济及需求的不确定性角度来说完全是一种正常的企业行为。李静等（2011）从市场条件的不确定性、企业对于行业内潜在进入者数目的不确定性及沉没成本的存在性等三个方面分析了产能过剩形成的原因。

（2）"体制弊端"说。也就是体制性因素。即认为我国转轨经济时期的体制扭曲导致了企业投资行为的扭曲，并最终导致了重复建设和产能过剩。该类观点主要是从中国现行的财税体制、金融体系、产权制度和环境保护制度等各类体制机制存在不同程度的缺陷角度来进行思考的。王立国（2010）认为，重复建设是导致产能过剩的直接原因，而体制型重复建设是指，由于中央或地方政府在投资、财税、金融、社保及收入分配等机制并未完善的情况下，引发全国或同一地区内的某个产业或某种产品的生产能力（已经形成或即将形成）之和已经远超过市场需求，而经济主体仍然继续扩大生产能力的现象。江飞涛等（2012）认为，地方政府的不当干预是产能过剩形成的体制基础，这种不当干预主要包括土地的"模糊产权"、国有企业的预算软约束及环境的外部性等。

（3）"投资潮涌"理论。该理论主要是以林毅夫等为代表的。他们认为，发展中国家具有后发优势并且总是处于跟随和模仿发达国家的地位，所以，每一次产业升级都极易引发重复建设和产能过剩。林毅夫等（2007）将产能过剩归结为发展中国家特有的"市场失灵"现象，并提出"潮涌"理论，认为发展中国家对于新产业的发展前景存在着准确、良好的社会共识，这种共识会引发投资的"潮涌"现象，并进而导致产能过剩。王立国等（2012）认为，中国在技术创新能力、创新效率以及技术研发投入等方面都与发达国家存在着较大差距，所以中国在国际产业链内部一直处于跟随和模仿的地位。由此，结合"投资潮涌"理论，中国的产能过剩问题与技术水平落后这一国情存在一定的联系。另外，也有学者否认"潮涌"理论，认为该假说存在的重要缺陷被忽视了。江飞涛等（2012）指出，"潮涌"理论的基本假设不成立，企业对未来有前景行业的市场需求的所谓社会共识并不存在。因为不同预期往往会产生巨大的分歧，并且模型中可能出现的产能过剩是不完备信息假设条件下对均衡状态的偏离，而这种偏离是现实市场的常态。

此外也有少量文献立足于企业认知偏差、厂商窖藏行为、经济波动等因素对产能过剩现象进行解释。张新海等（2009）认为，作为微观主体的企业，在投资决策过程中并非全知全能、完全理性的，由于存在认知偏差，企业会在经济过热时出现投资冲动，而在经济处于低谷时拖延投资，导致产能与市场需求的变化非同步，最终形成产能过剩或产能不足。王立国等（2010）指出，企业从其自身可持续发展的角度考虑，为了应对未来总体经济波动的不确定性，提高企业供给的灵活性，会选择将一部分产能"窖藏"起来，同时这也是"在位企业"阻止潜在进入企业而设置的一种进入壁垒，从而达到在位企业保证获利空间的目的。孙巍等（2008）运用1996~2003年间我国省际工业生产数据，以微观计量分析的方法验证了过剩产能与地区工业经济之间的相关性，并得出结论，过剩生产能力和经济波动之间呈现正向相关关系。

5.3 我国产能过剩的历史回顾与当前特点分析

5.3.1 产能过剩的历史回顾

欧美等国以及我国香港地区一般用产能利用率指标衡量是否存在产能过剩以及过剩程度。产能利用率是表示生产能力利用程度的指标，是反映产能利用情况，判断是否存在产能过剩最为直接的指标，它被定义为长期均衡中的实际产量与最佳生产能力之间的差异。美联储认为，如果产能利用率达到85%，就可以认为实现了产能充分利用。超过90%，则可以认为产能不足，如果明显低于83%，则说明可能存在产能过剩，即开工不足。此外，还可以利用一些间接的辅助性指标，如销售利润率、资产负债率、企业亏损率等主要财务运行指标来判断产能过剩。

近年来，我国共经历了三次大规模的产能过剩。第一次是 1996 ~ 1999 年，第二次是 2003 ~ 2006 年，第三次是 2009 年至今。从历史的角度看，我国前两轮产能过剩的基本状况可归纳如下：

5.3.1.1　第一轮产能过剩（1996 ~ 1999 年）

第一轮产能过剩主要是受东南亚金融危机影响，属于周期性产能过剩。在东南亚金融危机的影响下，我国宏观经济运行出现了严重衰退的趋势，经济增长率由 1996 年以前的高于 10% 跌至 7.8%，并开始出现了长达数年的通货紧缩。这一时期大部分行业生产能力偏大，产品供过于求，而企业经济效益又不好，城乡居民收入水平较低，经济结构矛盾开始凸显。

1994 年我国采取多种调控措施促进了少数行业的发展，而这些行业由于缺乏真正的有效需求，所以他们拉动的经济增长难以保持持续稳定。并且由于缺乏创新动力，我国国民经济一直处于一种低水平和重复建设的状态。据统计，1996 年末，全国 28 种主要工业品生产能力有 4 成处于闲置状态，既包括如纺织业这种传统行业，也有如彩电、洗衣机、电冰箱、收录机等现代电子工业。1998 年，亚洲金融危机继续深化，据国家统计局对 900 多种主要工业产品生产能力的普查发现，多数工业产品生产能力利用率在 60% 以下，最低的仅有 10%，全国大多数中小企业处于严重开工不足状态。

总之，这一轮产能过剩的主要特征表现为：一是产能过剩主要集中于轻工业和日用消费品行业；二是消费性产能过剩特征显著。

5.3.1.2　第二轮产能过剩（2003 ~ 2006 年）

第二轮产能过剩发生在我国经济繁荣和过热时期。这一轮产能过剩并非是周期性产能过剩，具有结构性产能过剩特征。它伴随着产品价格大幅下降和企业收益水平下滑等现象，并且在这一时期，部分行业产能过剩与产能不足问题并存。

在强有力的宏观调控作用下，我国逐步走出了东南亚金融危机的阴影。并且在 2003 年出现了经济局部过热、固定资产投资膨胀现象。这一现象主要体现在一些资本密集型的重工业领域，如钢铁、电解铝、钛合金和焦炭等。2006 年国务院的指导意见中更明确指出了，钢铁、电解铝、电石、钛合金、焦炭、汽车等行业产能已经出现了明显过剩；水泥、煤炭、电力、纺织等行业也潜藏着产能过剩的问题[①]。

第二轮产能过剩的主要特征表现为：一是产能过剩行业特征明显，具有重化工业化的产业特征。在国家发改委确认已经存在产能过剩的 11 个行业中，除纺织业外，其他均为重化工业行业；二是结构性过剩特征明显，部分行业产能过剩

---

①　国务院：《国务院关于加快推进产能过剩行业结构调整的通知》。

与产能不足并存。主要表现为一些行业低端产品产能过剩，而高端产品的产出严重不足，如钢铁业、汽车业；三是投资性产能过剩特征显著，部分行业固定资产投资膨胀。这一时期，我国处于投资驱动的阶段，人力、资金充裕而技术短缺，因此，投资品的快速发展成为我国经济增长的主要动力。

这一时期世界经济保持强劲增长，我国贸易顺差大幅增加，国内房地产市场也持续活跃。虽然，出口需求及房地产投资需求吸纳了大部分的过剩产能，但是产能过剩压力依然很大。

5.3.2　经济危机背景下新一轮产能过剩特点分析

新一轮产能过剩主要发生在 2009 年前后。受国际金融危机影响，也有周期性产能过剩的特征。这一次产能过剩的特征表现为：传统煤化工重复建设现象严重，产能大量过剩；新兴产业也开始出现重复建设、产能过剩的问题。

5.3.2.1　传统产业结构性过剩特征显著

1. 钢铁。从狭义上讲，钢铁行业就是黑色金属冶炼及压延加工业，包括炼铁业、炼钢业、钢压延加工业等细分行业。钢铁行业的主要工艺流程包括炼铁、炼钢、连铸和轧钢，最终形成钢材产品。钢材产品一般又分为型材、板材、管材和金属制品四大类。

（1）钢铁行业整体呈现产能过剩现象。金融危机背景下，为了刺激经济恢复增长，我国实施了 4 万亿元投资计划、十大产业调整和振兴规划等措施。钢铁行业运行情况逐步好转，产销两旺，工业总产值增长明显。2011 年，我国钢铁行业的工业总产值同比增长 26.24%，占 GDP 的比重上升至 13.58%，在国民经济中的地位有所提高。

尽管如此，我国钢铁行业的整体产能过剩现象仍然存在。2009～2011 年我国钢铁行业的产能利用率分别为 81.43%、82% 及 84%。目前，政府相关部门和行业协会一致认同的钢铁设计产能是近 10 亿吨。这一数据是在工信部、国家发展改革委和中钢协等单位对我国钢铁产能进行大范围摸底，并与国家统计局数据相结合的基础上得出的。同一统计口径下，我国 2012 年粗钢产量为 7.16 亿吨。由此得出，2012 年我国钢铁产能利用率为 73.8%[①]。根据未来经济增速和新增钢铁产能预测，我国钢铁产能过剩问题不容乐观。

从库存量来看，2011 年，我国钢材社会库存和企业库存始终保持较高水平是国内市场呈现供大于求的重要特征。从大中型企业的库存看，大中型钢铁企业

---

① 国务院发展研究中心课题组：《当前中国产能过剩问题分析——政策、理论、案例》，清华大学出版社 2014 年版。

2011 年 2 月末钢材库存 1053.74 万吨，比 2011 年初增长 17.3%；2011 年 10 月末仍为 1117.7 万吨，比 2011 年初增长 24.39%。企业的库存始终处于较高的水平，库存的增加，表明企业的生产与销售周转周期较大，市场对于企业的生产消化能力减弱。

从财务运行状况看，钢铁全行业的情况并不良好。行业整体的负债率从 2007 年的 61.73% 上升到 2011 年的 67.60%，而销售毛利率从 2007 年的 10.65% 下降到 2011 年的 7.22%，处于不断下降状态。钢材行业整体财务状况的恶化，也在一定程度上体现了钢铁行业的产能过剩现象。

（2）钢铁行业呈现结构性过剩产业特点。在轧钢阶段，我国的钢铁行业过剩表现出了结构性的产业特点。首先，我国钢铁行业在整体过剩的态势下，内部出现了过剩与稀缺并存的局面。2008 年，我国在涂层板带、大型型钢和无缝钢管存在高度过剩的情况下，电工钢板带出现了低度稀缺的状况。2010 年，在大型型钢、涂层板、无缝钢管中度过剩的同时，依旧伴随有电工干板带的低度稀缺。这说明了在钢铁领域，产能过剩具有结构性的特点。其次，2008～2010 年间，我国针对高度过剩型产品进行了调控，取得了一定的成绩。2010 年后，未出现产品高度过剩的情况，然而低度稀缺情况并没有得到解决（见表 5-1）。

表 5-1　　　　　　　　　　　我国的钢材品种自给率

品种名称	2008 年	2010 年
高度过剩型 （自给率≥120）	涂层板带、大型型钢、无缝钢管	
中度过剩型 （110≤自给率<120）	焊接钢管、中板、棒材、热轧薄板、铁道用钢材、特厚板、中厚宽钢带	涂层板带、大型型钢、无缝钢管
低度过剩型 （105≤自给率<110）	厚钢板、线材	中板、特厚板、中厚宽钢带
绝对饱和型 （100≤自给率<105）	热轧薄宽钢带、中小型型钢、钢筋、热轧窄钢带	铁道用钢材、中小型型钢、棒材、钢筋、盘条、厚钢板、热轧薄宽钢带、热轧宽钢带、镀层板
相对饱和型 （95≤自给率<100）	冷轧薄板、冷轧薄宽钢带、镀层板带、冷轧窄钢带	热轧薄板、冷轧薄板、冷轧薄宽钢带、冷轧宽钢带
低度稀缺型 （80≤自给率<95）	电工钢板带	电工钢板材

资料来源：上海市人民政府发展研究中心系列报告《危机中的增长转型：新格局与新路径》。

2. 水泥。按照用途和性能，水泥主要分为普通水泥（如硅酸盐水泥、普通硅酸盐水泥、矿渣硅酸盐水泥等）和专用水泥（如 G 级油井水泥等）；按照其主要水硬性物质名称，可以分为硅酸盐水泥、硫铝酸盐水泥和铁铝酸盐水泥等。从水泥的内部生产工艺来看，主要经过生料制备、熟料煅烧和水泥制成三个阶段，其中熟料煅烧阶段，主要采用立窑和回转窑两种工艺。

水泥行业整体呈现产能过剩现象。金融危机对全球水泥行业的市场需求造成了比较大的打击，但是伴随着基础建设投资计划的实施，尤其是重点建设项目的开工，水泥市场需求持续回升，工业总产值占 GDP 的比重从 2009 年的 1.56% 提升到 2011 年的 2.03%，在 2012 年有所回落，比重为 1.78%。总体来看比重有所上升，在国民经济中仍占据一定的位置，基础性产业地位依然重要。

然而，我国水泥行业的整体产能过剩现象仍然存在。2008 年 12 月水泥行业受经济刺激计划的影响，新建生产线最为疯狂，合计新开工生产线产能超过了5500 万吨，远远超过了 2009 年各月份新建生产线条数。2009 年 9 月初以来，政府出台了一系列限制行业盲目扩张的政策，包括限制行业准入条件、等量淘汰以及更为严厉的暂停新生产线的审批等，10 月、11 月，媒体公开报道的生产线新开工数大幅降低（见图 5 - 1）。

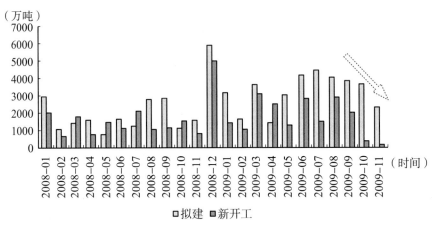

图 5 - 1　水泥拟建和新开工产能

资料来源：国家发改委《2010 年水泥行业风险分析报告》。

而根据中国水泥协会统计，2012 年新增水泥熟料产能 1.6 亿吨，在熟料产能明显大幅度增长情况下，熟料产量却基本没有增长，并且在 1 月、2 月、8 月、12 月均比 2011 年同期明显下降。说明 2012 年的窑运转率进一步下降，产能过剩加剧，停窑限产在多数地区已经成为一种常态。

另一方面，从整体运行指标来看，2012 年水泥行业产能过剩加剧，水泥价格持续下降，水泥行业经营效益大幅下滑，行业财务指标也纷纷大幅下跌。具体来看，水泥盈利能力、发展能力和营运能力、偿债能力均出现明显下滑，其中行业利润总额增长率首次出现负增长（见表 5 - 2）。

表 5 - 2   2008 ~ 2012 年水泥行业财务指标

	2012 年 12 月	2011 年 12 月	2010 年 11 月	2009 年 11 月	2008 年 11 月
			盈利能力		
销售毛利率（%）	16.31	19.45	16.14	16.04	15.17
销售利润率（%）	7.44	11.09	7.83	7.31	6.18
资产报酬率（%）	7.60	11.69	7.41	7.03	6.60
			偿债能力		
负债率（%）	58.99	58.21	60.54	59.02	59.48
产权比率（%）	143.86	139.27	153.44	144.00	146.78
利息保障倍数（倍）	4.04	6.54	5.45	4.95	3.94
			发展能力		
利润总额增长率（%）	-32.81	67.07	34.61	39.04	30.80
资产增长率（%）	9.75	19.44	23.22	21.06	17.87
销售收入增长率（%）	0.06	36.96	24.86	17.21	23.98
			营运能力		
应收账款周转率（次）	14.25	18.93	14.37	13.41	13.14
产成品周转率（次）	34.46	33.21	29.46	19.48	19.58
流动资产周转率（次）	2.16	2.49	2.17	2.28	2.40

资料来源：世经未来《2013 年水泥行业风险分析报告》。

5.3.2.2 新兴产业结构性过剩现象逐步显现

本轮金融危机背景下，大力发展战略性新兴产业成为我国促进经济持续稳定增长及调整产业结构的重要战略举措。在国家政策激励下，各地方政府也加快推进本地区新兴产业的发展。有调查显示，34 个省、市、自治区新兴产业重点发展中，有超过 90% 的地区选择发展新能源、新材料、电子信息和生物医药产业，近 80% 的地区选择发展节能环保型产业，60% 的地区选择发展生物育种产业，另有 50% 以上的地区选择发展新能源汽车①。由于市场利益吸引和政府政策驱动的双重效果，各地区新兴产业投资项目纷纷上马，企业产能迅速扩张。国内新兴产业的产能过剩现象开始显现。

目前我国新兴产业产能过剩问题虽然并不非常严重，还属于局部性问题，但如果对产能（尤其是落后产能）不加以合理规划和控制，就会重蹈钢铁、水泥等行业的覆辙，使潜在的产能过剩成为严重的现实问题，进而影响全行业的健康发展。

5.4 基于企业内部主要利益相关者冲突构建的理论模型

纵观我国关于产能过剩问题的现有研究发现，现有的学术讨论可以说是已经囊括了目前我国产能过剩形成的各种宏微观因素。然而我们也应该看到，已有的研究主要是从供需、市场条件、政策制度等方面来进行研究，更多地关注中国现行体制下的具体和短期问题，而忽略了对组成市场的微观主体——企业及企业内部股东和管理者的行为来进行研究。实际上，我们不可否认，行业或地区的投资都是由微观企业汇总而成的，因此，从企业层面探讨产能过剩问题就变得很有必要。

5.4.1 模型基本假设

考虑存在一个企业，该企业的股东都是风险中性的。这个企业必须雇佣专业的管理者来经营管理公司业务，因为外部团体缺少在"真实"投资机会和"虚假"投资机会之间作出判断的能力。假定一个三期模型，t = 0，1，2，在 t = 0 期，股东雇佣管理者。一旦雇佣，管理者可以通过付出自身努力 c(c > 0) 来创造新的投资机会，这种努力对于管理者来说具有负效用。一旦投资机会被创造，股东会在 t = 1 期决定是否采用该项目。在这个阶段，管理者相对于股东来说在信息方面更具优势。因此，在这个模型中，管理者的任务主要有两点：一是创造新的投资机会，二是指导股东决策是否采用该投资项目。所有的回报在 t = 2 期实现。

为了实现新的投资项目，企业需要投入一定数量的资本 k(k > 0)。如果新的

---

① 姜江：《我国部分新兴产业存在"潜在产能过剩"问题》，载《宏观经济管理》2010 年第 10 期。

投资项目被采用，它会在 t = 2 期实现零现金流或者是现金流 x(x > k)。该投资项目成功的概率依赖于项目的类型 θ，该项目可能是好的项目 θ = g，也可能是不好的项目 θ = b，与它们相对应的成功概率为：$0 \leqslant p_b < p_g \leqslant 1$。定义投资项目类型 θ 的预期回报为：$\mu_\theta = p_\theta \cdot x$，并且假定，只有好的投资项目才会被采用，即 $\mu_b < k < \mu_g$。

假设在 t = 0 期，股东和管理者对于企业的潜在增长有着共同的预期，也就是说，在最初的时候，他们都相信新的投资项目的盈利概率是 q(0 < q < 1)。然而股东不能了解到更多的关于投资项目的信息，而创造该投资项目的管理者可以观察到额外的信息（即使是噪声）。记该信号 $s \in S = [\underline{s}, \overline{s}]$，我们可以将 s 理解为是要求的回报率。投资项目的信号来自累积分布函数 $F_\theta(s)$，假设其密度函数 $f_\theta(s)$ 严格大于 0，且连续。根据贝叶斯准则，在观察到信号 s 之后，管理者认为投资项目类型为好的概率为：$q(s) = \dfrac{q \cdot f_g(s)}{q \cdot f_g(s) + (1 - q) \cdot f_b(s)}$。根据单调似然率，q(s) 是 s 的严格增函数。我们定义基于观察到的信号 s 的预期回报为：$\mu(s) = q(s) \cdot \mu_g + (1 - q(s)) \cdot \mu_b$。假定对于低信号来说，投资项目的净现值是严格为负的，而对于高信号来说，投资项目的净现值是严格为正的。我们定义存在 $\hat{s}$ 满足：

$$\mu(\hat{s}) = k \tag{5.1}$$

因此，当且仅当 $s \geqslant \hat{s}(\hat{s} \in [\underline{s}, \overline{s}])$ 时，投资项目才会被采用。

5.4.2　最优薪酬合同的制定

当决定是否投入资本 k 时，股东不能观察到信号 s，只能依赖管理者提供信息。而管理者传达给股东的信息依赖于薪酬合同，这就增加了信息扭曲的可能性。所以接下来我们先要描述在 t = 0 期股东对于薪酬合同的制定问题。

在 t = 0 期，股东雇佣管理者，他必须至少为管理者提供一些外生的保留效用 R(R > 0)。这很方便解释为，如果没有新的投资项目，企业的回报就等于 R。模型中暗含的一个关键特征是，管理者不是仅仅被雇佣来经营企业已经存在的项目的，他必须为企业创造新的投资机会，所以这要求股东制定的薪酬合同必须能够对管理者起到激励作用，并要求只有在创造新的投资机会并且投资项目在采用后被证明是成功的情况下，管理者才能获得薪酬合同中规定的回报。

如果新的投资项目被采用，管理者会收到一个基本工资 α，以及，如果项目成功，会获得奖金 β。如果最终没有投资项目被采用，管理者会仅收到工资 R。如果回报少于 R，管理者将会离开企业，而如果回报高于 R，将会有一大批经营管理能力不强的管理者被吸引过来，这些管理者不能创造新的投资机会，而只能得到固定的报酬。

在建立最优薪酬合同之前需要介绍一些额外的概念。定义投资项目成功的概率为：$p(s) = q(s) \cdot p_g + [1 - q(s)] \cdot p_b$。管理者的预期工资为：$w(s) = \alpha + \beta p(s)$。给定投资项目类型 θ，管理者观察到的信号 s 来自累积分布函数 $F_\theta(s)$。我们认为存在一个事前的累积分布函数 $G(s)$，它的密度函数表示为：$g(s) = qf_g(s) + (1 - q)f_b(s)$。因此，在 $t = 1$ 期，薪酬合同签订时，股东和管理者都相信，管理者在随后会观察到一个基于累积分布函数 $G(s)$ 的信号 s，然后付出努力。

显然，我们会排除奖金 $\beta < 0$ 的情况。假如 $\beta = 0$，那么即使管理者创造了新的投资机会，也只会获得固定的工资 α。如果 $\beta = 0$ 且 $\alpha \leq R$，那么管理者没有主动性去创造新的投资机会，因为他意识到，与没有实现企业增长相比，创造新的投资机会并没有使他获得更多的收益。如果 $\beta = 0$ 且 $\alpha > R$，那么创造了新的投资机会的管理者将总是严格偏好于该投资项目被采用。所以在激励条件下必有 $\beta > 0$。如果在激励条件下，股东制定的基本工资为保留价值 R，那么对所有的 $s \in S$，必有 $w(s) > R$，因此，管理者将不会有揭露低信号的动机。所以在薪酬合同中，基本工资应该严格小于保留价值，即 $\alpha < R$。换句话说，如果管理者选择的投资项目最终被确认是一个失败时，管理者应该受到惩罚。通过以上讨论，我们发现薪酬合同需要 $\beta > 0$，$\alpha < R$，$w(s)$ 是关于 s 的严格增函数。如果管理者认为在信号 $s = s' < \bar{s}$ 时，投资与不投资的效果一样好，那么管理者会偏好所有 $s > s'$ 的投资项目。我们定义存在 s^* 满足：

$$w(s^*) = R \tag{5.2}$$

由于激励机制的影响，管理者会让股东了解到，对于所有 $s \geq s^*$ 的投资项目都应该被采用，而对于所有 $s < s^*$ 的情况，投资项目都应该被拒绝。在这个模型里存在的一个假设条件是，股东总是希望能够利用管理者观察到的更好的信息，他们希望能够确定自己对投资项目并不总是采用的，即有：$s^* \leq \hat{s}$。

以公式（5.2）为特征的投资决策约束建立之后，我们可以构建股东决策计划。股东的目的是最大化企业的预期价值，企业的预期价值也就是股东的目标函数可以表示为：

$$\int_{s^*}^{\bar{s}} [R + \mu(s) - k - w(s)] \cdot g(s) ds \tag{5.3}$$

在 $t = 0$ 期如果管理者没有付出努力，那么他保留了个人的努力成本 c 但是只实现了保留价值 R。如果他选择付出努力为企业创造一个新的投资项目，他的预期工资就是 $w(s)$。比较这两种预期回报，可以得到管理者在满足如下条件时选择付出努力，即管理者的激励约束为：

$$\int_{s^*}^{\bar{s}} [w(s) - R] \cdot g(s) \geq c \tag{5.4}$$

最后我们假定基本工资 α 不能低于临界值 $\underline{\alpha}$，且 $0 \leq \underline{\alpha} < R$。

将管理者的激励约束代入股东的目标函数可以得到：

$$\int_{s^*}^{\bar{s}} [\mu(s) - k] \cdot g(s) ds - c \tag{5.5}$$

公式（5.5）再次表明股东最终所得为预期净利润扣除管理者努力成本。

股东的最终目标是确定 α、β 的取值以确保制定的投资决策是有效率的。如果最优投资决策 $s^* = \hat{s}$ 能够实现，那么我们得到的在最优薪酬合同条件下的基本工资及奖金为：

$$\alpha = R - \beta \frac{k}{x} \tag{5.6}$$

$$\beta = \frac{c}{\int_{\hat{s}}^{\bar{s}} \left[p(s) - \frac{k}{x} \right] \cdot g(s) ds} \tag{5.7}$$

这里，我们做一些额外的讨论，首先，忽略最优投资决策这个条件，我们从式（5.2）和式（5.4）中可以解得薪酬合同中的 α、β 为：

$$\beta = \frac{c}{\int_{s^*}^{\bar{s}} [p(s) - p(s^*)] \cdot g(s) ds} \tag{5.8}$$

$$\alpha = R - \beta \cdot p(s^*) \tag{5.9}$$

从式（5.8）中可以看出如果保持努力成本 c 不变，s^* 增加，分母值会变小，β 值增大，α 值减小。

5.4.3　过度投资的影响因素分析

5.4.3.1　管理者努力成本增加，投资倾向增大

如果努力成本 c 增加，根据式（5.4）可知管理者要求的回报会增加，这样会使他更加倾向于创造的投资项目被采用，即使他已经观察到一个低信号。为了抵消管理者的这种选择偏差，股东会倾向于增加激励效果，也就是减少 α 而增加 β。这种行为仍然要满足最优投资决策直到 $\alpha \geq \underline{\alpha}$ 不再满足。另外从式（5.6）、式（5.7）中也可以看出 $\frac{d\beta}{dc} > 0$，$\frac{d\alpha}{dc} < 0$。所以，努力成本 c 增加会增大管理者的投资倾向。

5.4.3.2　资本投入增加，管理者投资倾向增大

首先考虑资本 k 发生外生性变化，在改变 k 的时候，所有其他参数保持不变。因此，随着 k 的增加，投资项目的净现值会减少，这推高了式（5.1）中要求的 $\hat{s}$ 的水平，此时最优投资决策条件不再满足，但是管理者的偏好并没有发生

变化，他不会将股东支出的更高资本水平 k 考虑进去。换句话说就是，除非股东调整了对管理者的补偿机制，否则他个人的投资决策点 s^* 就保持不变。所以为了使管理者考虑到已经发生的变化，股东就必须通过增加薪酬合同中的激励效果来提高他的私人门槛 s^*。在这个过程中，只要基本工资水平 α 不低于临界值 $\underline{\alpha}$，股东就可以通过增加管理者预期回报中奖金所占部分来达到增加激励效果的目的。

讨论上述过程的另一种理解方式。首先假设最优投资决策条件 $s^* = \hat{s}$ 仍然满足。从 $p(\hat{s}) = \dfrac{k}{x}$ 中可以得到 $\dfrac{d\hat{s}}{dk} = \dfrac{1}{p'(\hat{s}) \cdot x} > 0$，从式（5.7）中可以得到 $\dfrac{d\beta}{dk} =$

$$\dfrac{c \displaystyle\int_{\hat{s}}^{\bar{s}} \dfrac{1}{x} \cdot g(s) ds}{\left(\displaystyle\int_{\hat{s}}^{\bar{s}} \left[p(s) - \dfrac{k}{x} \right] \cdot g(s) ds \right)^2} > 0 ,\ \dfrac{d\alpha}{dk} < 0$$。所以，增加资本投入 k 会增大投资

倾向。

5.4.3.3 投资项目预期回报降低，管理者投资倾向增大

考虑仍然保持其他参数不变，而投资项目预期回报发生变化的情况。一般来说，如果投资项目成功的概率增加，或者，一旦成功，该项目能带来更多的现金流，那么就认为该投资项目更具吸引力。

首先考虑现金流 x 外生性减少的情况，该过程类似于资本投入 k 增加的情况。现金流 x 的减少需要使 $\hat{s}$ 的水平提高以保证式（5.1）可以继续得到满足，而部门管理者的偏好并没有受到影响，所以 s^* 没有发生变化。这就要求股东改变薪酬合同，扩大管理者回报中奖金所占部分来提高 s^*。

接下来，假设现金流 x 没有发生改变，而投资项目成功概率 p_θ 减少。与资本投入 k 和现金流 x 发生外生性变化不同，p_θ 的减少会直接影响管理者的决策行为，因为式（5.2）中规定的 s^* 值发生了改变。p_θ 减少，薪酬合同中奖金部分 $\beta \cdot p(s)$ 对管理者回报的影响程度变小，之前的最优薪酬合同可能不再满足部门管理者的激励约束条件。为了使管理者的激励约束条件能够得到满足，这就需要股东通过减少 α 增加 β 来使 s^* 增加。

综上，投资项目的预期回报降低会使管理者的投资倾向增大。

5.4.3.4 投资项目风险性增加，管理者投资倾向增大

一般认为，投资项目的风险越大，那么一旦成功所带来的现金流也越多。保持投资项目类型 θ 的预期回报 μ_θ 不变，那么与之对应的成功概率 p_θ 就会降低。也就是说，现金流 x 增加为 $x' = x + \Delta x$，$\Delta x > 0$，而投资项目类型 θ 的成功概率会调整为 $p'_\theta = p_\theta - \Delta p$，并且满足 $x \cdot p_\theta = x' \cdot p'_\theta$。我们认为，企业的经营业务越不稳定，就需要越多的奖金来补偿管理者以保证他们付出与之前相同的努力。这种

直觉可以理解为，风险性越高，越需要高能激励。

讨论上述过程的另一种理解方式。首先假定最优投资决策条件依然满足，在最优投资决策条件下，预期回报 $p(s) \cdot x$ 保持不变，那么有 $\frac{d}{dx}[p(s) \cdot x] = 0$，因此得到：

$$\frac{d}{dx}[p(s)] = -\frac{p(s)}{x} \tag{5.10}$$

从式（5.6）中可以得到：

$$\frac{d\alpha}{dx} = -c \cdot \frac{-\frac{k}{x^2}\int_{\hat{s}}^{\bar{s}}\left[p(s) - \frac{k}{x}\right] \cdot g(s)ds - \frac{k}{x}\int_{\hat{s}}^{\bar{s}}\left[\frac{d}{dx}[p(s)] + \frac{k}{x^2}\right] \cdot g(s)ds}{\left(\int_{\hat{s}}^{\bar{s}}\left[p(s) - \frac{k}{x}\right] \cdot g(s)ds\right)^2}$$

$$\tag{5.11}$$

将式（5.10）代入式（5.11）中可以得到 $\frac{d\alpha}{dx} = 0$。

将式（5.9）变形为 $R - \alpha = \beta \cdot p(\hat{s})$，等式两边对 x 求偏微分得到：

$$0 = \frac{d\beta}{dx}p(\hat{s}) + \beta\frac{d}{dx}[p(\hat{s})] \tag{5.12}$$

根据式（5.10）和式（5.12）可以得到 $\frac{d\beta}{dx} = \frac{\beta}{x} > 0$。所以，薪酬合同中的奖金部分会根据投资项目的现金流的改变做出调整。

综上，投资项目的风险增加，管理者的投资倾向会增大。

根据前面的讨论，可以看出，管理者努力成本的增加、资本投入的增加、投资项目预期回报的降低及风险性的增加都会导致管理者投资倾向增大，过度投资问题可能由此产生。

5.5　基于行业内在位企业与潜在进入企业构建的理论模型

上一部分介绍了一个基于企业内部管理者和股东行为的模型，这一部分将介绍一个基于行业内在位企业和潜在进入企业的理论模型。

5.5.1　模型基本假设

假设有两个风险中性企业，企业 1 和企业 2。某一行业最初只有企业 1 从事生产，它占据了全部的市场份额，而企业 2 是该行业的一个潜在进入者。假设 $V = V(x)$ 是当企业 1 占有全部市场份额时投资为 x 时所获得的收益，其中 $x \geqslant 0$，

$V(0) = 0$，$V'(x) > 0$ 且 $V''(x) < 0$。令 $W = W(x)$ 是企业 2 占有全部市场份额时所能获得的收益，其中 $W(0) = 0$，$W'(x) > 0$。由于企业自身的差异，所以当占有全部市场份额时所获得的收益也不尽相同。举例来说，当企业投资 x 时，它的中间产出是 $n(x)$，最终的产出函数可以表示为 $f_j(n(x))$，$j = 1$，2。所以，$V(x)$、$W(x)$ 可以表示为：$V(x) = f_1(n(x))$，$W(x) = f_2(n(x))$。

5.5.2 一次博弈

考虑某一行业只存在一个厂商，即企业 1 的例子。在这个例子中，企业 1 的最优投资水平 x 满足：

$$x^* = \text{argmax}[V(x) - x]，其中 x^* 满足于 V'(x^*) = 1。$$

现在考虑某一行业存在企业 1 和企业 2 时的例子。假设企业 1 投资 e_1 用来保护他所占有的全部市场份额，企业 2 投资 e_2 来侵占其市场份额。假设企业 1 保护成功的概率是 $p_1 = \dfrac{e_1}{e_1 + e_2}$，那么企业 2 侵占成功的概率就是 $p_2 = 1 - p_1$。我们也可以将概率解释为每个企业可以控制的市场份额的比例。

假设一个二阶段的博弈模型。在第一阶段，企业 1 选择投资量 x，然后在第二阶段，企业 1 和企业 2 在完全信息条件下选择继续投资 e_1 和 e_2。在接下来的讨论里，我们希望能寻找到一个子博弈完美纳什均衡。

首先考虑第二阶段，在这个阶段中，x 已经是沉没成本（比如研发成本），博弈双方所能获得的回报分别是：

$$U_1 = p_1 V(x) - e_1 \tag{5.13}$$

$$U_2 = p_2 W(x) - e_2 \tag{5.14}$$

这是一个纯策略纳什均衡，根据 $\dfrac{\partial U_1}{\partial e_1} = 0$ 及 $\dfrac{\partial U_2}{\partial e_2} = 0$，经过一系列代数运算之后，可以得到，$\hat{e}_1 = \dfrac{V^2 W}{(V + W)^2}$，$\hat{e}_2 = \dfrac{W^2 V}{(V + W)^2}$，企业 1 在均衡时的概率为 $\hat{p}_1 = \dfrac{V}{V + W}$，$0 < \hat{p}_1 < 1$，企业 1 的回报为 $U_1^N = \dfrac{V^3}{(V + W)^2} > 0$，企业 2 的回报为 $U_2^N = \dfrac{W^3}{(V + W)^2} > 0$。

返回考虑第一阶段，企业 1 的全部盈余为：

$$S_1(x) = U_1^N(x) - x \tag{5.15}$$

它的目的是选择 x 以使 $S_1(x)$ 最大化，于是得到：

$$\frac{\partial S_1}{\partial x}\bigg|_{x = x^*} = \frac{-2V^3 W'(x^*) - 3VW^2 - W^3}{(V + W)^3} < 0 \tag{5.16}$$

令 $x = \mathrm{argmax} S_1(x)$ 是在某一行业存在企业 1 和企业 2 条件下企业 1 的最优投资水平,所以根据式 (5.16) 可以得到 $x < x^*$。因此可以得出结论,在一次博弈情况下,对于企业 1 来说,存在潜在进入者时的最优投资水平小于其占有全部市场份额时的最优投资水平。

5.5.3　重复博弈

下面考虑一个无限重复博弈。忽略一般性条件,假设 $V(x) = W(x)$。在每一期,企业 1 首先对投资水平进行选择,然后与企业 2 进行竞争博弈。我们将说明在这种情况下,过度投资现象有可能会发生。

假定企业 1 和企业 2 决定协商一个关于自身防卫的和平协议。在每一时期,企业 1 会预先给企业 2 一定的支付以保证企业 2 承诺不进入该行业以对企业 1 的市场份额进行侵占。假定企业 1 在双方对预先支付水平进行讨价还价之前已经做出了关于投资水平的决策。

因为企业 1 要在企业 2 行动之前做出一个貌似可信的承诺,比如承诺给企业 2 一个支付水平,所以假定只有企业 1 受到关于和平协议的承诺约束。换一句话就是,企业 1 在任一时期都不能做出背叛协议的行为。同时我们假定,只有企业 1 能对企业 2 的背叛行为做出惩罚。

如果企业 2 出现背叛行为,那么企业 1 可以使用纳什反转策略进行惩罚,即在随后的每一期都回到纳什均衡(非合作博弈)。

令 $\delta \in [0, 1)$ 为企业 2 的贴现因子。在每一期,博弈双方的行为如下:

(1) 企业 1 选择投资水平 x。

(2) 企业 1 和企业 2 对预先支付水平进行讨价还价。

(3) 如果双方确认了一个支付水平,那么企业 1 对企业 2 进行预先支付,同时企业 2 承诺不对企业 1 的市场份额进行侵占。如果企业 2 没有做出背叛,那么博弈结束并且以后的每一期重复进行这样的行为。如果企业 2 做出背叛,那么它进入市场,但是在随后的每一期,博弈双方都将遵从非合作博弈。

我们的分析从 (3) 开始,即如果博弈双方关于预先支付水平的协议达成,并且企业 2 不会做出背叛行为。

假定每一期的预先支付为 $S_2^C = \Omega$,那么企业 1 的盈余就为 $S_1^C = V(x) - \Omega - x$。为了使博弈双方都选择合作,需要满足如下约束条件:

$$S_2^C \geqslant S_2^N \equiv U_2^N(\hat{x}) \tag{5.17}$$

$$S_1^C \geqslant S_1^N \equiv U_1^N(\hat{x}) - \hat{x} \tag{5.18}$$

S_1^N 和 S_2^N 是博弈双方在非合作博弈中的均衡收益。

如果企业 2 选择背叛协议,比如说 $e_1 = 0$,$e_2 > 0$,$p_2 = 1$。侵略者只要付出

一个很小的努力 e_2 就能获得全部的市场份额。所以，如果企业 2 的选择偏离协议，它在当期得到的回报就是 $S_2^D = V(x) - e_2 + \Omega$。并且在随后的每一期，博弈双方都处于非合作博弈。即在每期，企业 1 得到 $S_1^N(x) = 0.25V(x) - x^{①}$，而企业 2 得到 $S_2^N = 0.25V(x)$。根据前面的讨论，可以很容易理解到，如果企业 1 使用纳什反转战略，那么企业 2 在满足如下条件时就不会选择偏离协议：

$$\delta \geq \frac{S_2^D - S_2^C}{S_2^D - S_2^N} = \frac{V(x)}{V(x) + \Omega - 0.25V(\hat{x})} \equiv \hat{\delta}(x)^{②} \quad (5.19)$$

1. 企业 2 没有讨价还价的能力时。

在这种情况下，企业 1 可以制定"接受或离开"这样的选择给企业 2。考虑一个合作均衡。我们需要式（5.19）中的 $\hat{\delta}(x) < 1$ 条件能够得到满足，那么式（5.17）必须是严格不等的关系。因此，合作均衡的一个必要条件是 $\Omega > 0.25V(x)$。接下来，如果 $\Omega > 0.25V(x)$，那么 $\hat{\delta}(x)$ 就是 x 的增函数。因此，如果存在 $x > x^*$ 使式（5.19）得到满足，那么对于任意 $x \leq x^*$，式（5.19）都可以得到满足。最后，根据前面的讨论有 $x^* = \text{argmax}[S_1^C = V(x) - \Omega - x]$。综上，如果博弈双方选择合作，企业 1 将会选择 $x \leq x^*$ 的投资水平，如果博弈双方选择不合作，企业 1 会选择 $x < x^*$ 的投资水平。所以，过度投资的情况是不可能出现的。

2. 企业 2 拥有讨价还价的能力时。

假设企业 2 对企业 1 的预先支付水平有讨价还价能力，讨价还价博弈可以通过最大化广义纳什讨价还价生产函数来进行计算。该生产函数可以表示为：

$$M = [V(x) - \Omega - U_1^N(x)]^\theta [\Omega - U_2^N(x)]^{1-\theta} \quad (5.20)$$

其中 $0 < \theta < 1$，它表示谈判能力。对 Ω 求导并令导数等于 0，求得最优的支付水平，最优点为 $\Omega^* = \eta V(x)$，其中 $\eta = 0.75 - 0.5\theta$（$\eta \in (0.25, 0.75)$）。在这个例子中，预先支付水平是占有全部市场份额时所能获得的收益的固定比例 η。如果企业 2 有一定的讨价还价能力，支付水平 Ω^* 是投资水平 x 的增函数。企业 1 的盈余表示为 $S_1^C = V(x) - \eta V(x) - x$，式（5.19）改写为：

$$\delta \geq \frac{V(x)}{(1+\eta)V(x) - 0.25V(\hat{x})} \equiv \underline{\delta}(x) \quad (5.21)$$

---

① 由于 $V(x) = W(x)$，所以 $U_1^N(x) = U_2^N(x) = 0.25V(x)$

② $S_2^C(1 + \delta + \delta^2 + \cdots + \delta^n) \geq S_2^D - S_2^N + S_2^N(1 + \delta + \delta^2 + \cdots + \delta^n)$

$(S_2^C - S_2^N)\frac{1}{1-\delta} \geq S_2^D - S_2^N$

$\delta \geq 1 - \frac{S_2^C - S_2^N}{S_2^D - S_2^N} = \frac{S_2^D - S_2^C}{S_2^D - S_2^N} = \frac{V(x)}{V(x) + \Omega - 0.25V(\hat{x})} \equiv \hat{\delta}(x)$

$\underline{\delta}(x)$ 是关于 x 的减函数。所以，为了维持合作，企业 1 会选择 $x > x^*$ 来使 $\underline{\delta}(x)$ 足够小，x 同时要满足式（5.17）和式（5.18）。

假设 $\tilde{x}$ 是在合作均衡中企业 1 进行投资的最优水平。定义 $x^{**} = \mathrm{argmax}\big[\,S_1^C = V(x) - \eta(x) - x\,\big]$。给定 $V'(x) > 0$，有 $x^{**} < x^*$。假设 $\overline{x}$ 满足式（5.20）中的严格不等关系，那么有 $\overline{x} = \delta^{-1}(\delta)$，并且对于任意的 $x < \overline{x}$ 违反式（5.20），而任意的 $x \geqslant \overline{x}$ 使式（5.20）得到满足。假定 S_1^C 在 x^{**} 处取得最大值，那么企业 1 会选择尽可能的接近 x^{**} 的投资水平并同时满足式（5.17）、式（5.18）和式（5.20）。因此，如果 $\overline{x} > x^* > x^{**}$，并且 $\overline{x}$ 也同时满足式（5.17）和式（5.18），那么最优的投资水平就是 $\tilde{x}_0 = \overline{x} > x^*$。式（5.20）在 $\overline{x}$ 处得到满足意味着 $\delta(\overline{x}) < 1$ 并且 $\eta V(\overline{x}) > 0.25V(\hat{x})$，那么式（5.17）也得到满足。所以，在企业 2 具有讨价还价能力的情形下，过度投资情况就有可能发生。

根据前面的讨论，我们能够发现，过度投资只能发生在合作均衡条件下，而投资不足既能出现合作均衡条件下，也能出现在非合作均衡条件下。因此，在这个模型中，合作均衡对于过度投资来说是必要的，而对于投资不足来说则不是。

5.6　结　束　语

在当前产能过剩问题愈演愈烈的情况下，分析产能过剩产生的机制显得尤为迫切。一般认为产能过剩的解决措施可以概括为如下几点：加快产业调整与升级；完善社会保障体系，以市场需求为导向引导产能合理布局；完善市场退出机制，有效整合落后产能；理顺生产要素的价格机制，强化落后产能的成本约束，等等。本章从企业投资决策角度及行业内竞争角度构建理论模型，对过度投资的可能原因进行了探讨。根据模型推导结论，本章认为完善企业激励机制、加强研发成果保护力度同样可以对过度投资问题起到缓解作用。由于理论模型中的条件假设过于苛刻，对现实环境提出治理措施的意义可能并不明显，但是本章从微观层面的研究入手，希望能对过度投资、产能过剩问题的研究提供新的视角。

本章参考文献

［1］丁世勋，黄旭平．经济危机视角下的产能扩张与产能过剩［J］．南京政治学院学报，2010（4）．

［2］王立国，张日旭．财政分权背景下的产能过剩问题研究［J］．财经问题研究，2010（12）．

［3］王立国，高越青．基于技术进步视角的产能过剩问题研究［J］．财经问题研究，2012（2）．

　　[4] 王立国. 重复建设与产能过剩的双向交互机制研究 [J]. 企业经济，2010 (6).

　　[5] 王兴艳. 产能过剩评价指标体系研究初探 [J]. 技术经济与管理研究，2007 (4).

　　[6] 王岳平. 是通货膨胀还是产能过剩——对当前经济形势的几点认识 [J]. 学习月刊，2007 (9).

　　[7] 江飞涛，耿强，吕大国，李晓萍. 地区竞争、体制扭曲与产能过剩的形成机理 [J]. 中国工业经济，2012 (6).

　　[8] 孙巍，尚阳，刘林. 工业过剩生产能力与经济波动之间相关性研究 [J]. 工业技术经济，2008 (6).

　　[9] 李静，杨海生. 产能过剩的微观形成机制及其治理 [J]. 中山大学学报 (社会科学版)，2011 (2).

　　[10] 张晓晶. 产能过剩并非 "洪水猛兽" ——兼论当前讨论中存在的误区 [N]. 学习时报，2006 - 04 - 10 (4).

　　[11] 张新海，王楠. 企业认知偏差与产能过剩 [J]. 科研管理，2009 (9).

　　[12] 陈志. 新兴产业过剩了吗 [J]. 经济研究参考，2010 (28).

　　[13] 林毅夫. 潮涌现象与发展中国家宏观经济理论的重新构建 [J]. 经济研究，2007 (1).

　　[14] 周业樑，盛文军. 转轨时期我国产能过剩的成因解析及政策选择 [J]. 金融研究，2007 (2).

　　[15] 周劲，付保宗. 产能过剩在我国工业领域的表现特征 [J]. 经济纵横，2011 (12).

　　[16] 周劲. 产能过剩的概念、判断指标及其在部分行业测算中的应用 [J]. 宏观经济研究，2007 (9).

　　[17] 耿强，江飞涛，傅坦. 政策性补贴、产能过剩与中国的经济波动——引入产能利用率 RBC 模型的实证检验 [J]. 中国工业经济，2011 (5).

　　[18] 陶忠元. 开放经济条件下中国产能过剩的生成机理——多维视角的理论诠释 [J]. 经济经纬，2011 (4).

　　[19] Aziz J, Dunaway S. China's Rebalancing Act. Finance and Development, 2007, 44 (3): 27 - 31.

　　[20] Baker J. Career Concerns and Staged Investment: Evidence from the Venture Capital Industry. Working Paper, Boston: Harvard University, 2000.

　　[21] Barnett S, Brooks R. What's Driving Investment in China? . IMF Working Paper No. 06/265.

　　[22] Degryse H, De Long A. Investment Spending in the Netherlands: Asymmetric Information or Managerial Discretion? . Working Paper, Erasmus University Rotterdam, 2001.

　　[23] Ding S, Alessandra G, John K. Does China overinvest? Evidence from A Panel of Chinese Firms. Working Papers, Business School - Economics, University of Glasgow, 2010.

　　[24] Galai D, Masulis R. The Option Pricing Model and the Risk Factor of Common Stock. Journal of Financial Economics, 1976, Vol. 3.

　　[25] Grinblatt M, Titman S. Financial Markets and Corporate Strategy. McGraw - Hill, 2001.

［26］ Jensen M, Meckling W. Theory of the Firm: Managerial Behavior, Agency Costs and Ownership Structure. Journal of Financial Economics, 1976, 73 (3): 305 - 360.

［27］ Jensen M. Agency Costs of Free Cash Flow, Corporate Finance, and Takeovers. American Economic Review, 1986, 76 (4): 323 - 329.

［28］ John K, Ding S. Why Does China Invest So Much? . Asian Economic Papers, 2010, 9 (3): 87 - 117.

［29］ Jostarndt P. Financing Growth in Innovative Industries: Agency Conflicts and the Role of Hybrid Securities - Empirical Evidence from NASDAQ Convertible Debt Offerings. Working Paper, Fisher Center for the Strategic Use of Information Technology, Haas School of Business, 2002.

［30］ Kaplan S. The effects of management buyouts on operating performance and value? . Journal of Financial Economics, 1989, 24: 217 - 254.

［31］ Malmendier U, Tate G. CEO Overconfidence and Corporate Investment. NBER Working Paper No. W10807, 2004.

［32］ Maurizio La Rocca, Cariola A, Tiziana La Rocca. Overinvestment and Underinvestment Problems: Determining Factors, Consequences and Solutions. Working Papers Series, 2005.

［33］ Murphy K. Corporate performance and managerial remuneration: an empirical analysis. Journal of Accounting and Economics, 1985, Vol. 7.

［34］ Shleifer R, Vishny S. Management Entrenchment: The Case of Managerial Specific Investments. Journal of Financial Economics, 1989, 25 (7): 123 - 139.

［35］ Stein K. Agency, Information and Corporate Investment. Economics of Finance, 2006, 20 (9): 13 - 40.

［36］ Stulz R. Managerial Discretion and Optimal Financing Policies. Journal of Financial Economics, 1990, 26 (1): 3 - 27.

［37］ Zingales L. Corporate Governance. The New Palgrave Dictionary of Economics and the Law, MacMillan, London, 1998.

第6章

中国金融发展的区域差异：
基于金融机会角度[*]

6.1 引　　言

2013 年 11 月 12 日，中国共产党第十八届中央委员会第三次全体会议通过《中共中央关于全面深化改革若干重大问题的决定》，正式提出"发展普惠金融。鼓励金融创新，丰富金融市场层次和产品。"这一决定从一个重要侧面指出了我国金融发展的现状，而普惠金融等一系列的政策主要任务是为传统或正规金融机构体系之外的广大中、低收入阶层甚至是贫困人口提供机会和可得性金融服务。

改革开放以来，我国各区域金融总量和规模均有显著地增长，但区域间金融发展水平参差不齐且差异尚未明显改善，尤其是地区间的金融发展差异逐渐拉大，沿海与内地，特区与非特区，城市与农村呈现出不同的金融事态和发展趋势，各区域企业和家庭所面临的获取金融服务的机会呈现出显著的不平等。一方面，针对我国各区域金融机会不平等，我国出台完善金融支持机制等一系列政策，但取得的成效并不显著。另一方面，金融是经济增长的重要引擎，区域金融发展的差异必然成为区域经济均衡发展的阻力，因而通过政策等手段来逐步消除金融资源公平分配显得十分迫切。发展普惠金融不仅是全面深化改革若干重大问题的决定之一，也是当前的重要研究课题；更值得注意的是我国金融发展不应单单追求金融资源的有效配置，更应该追求金融机会均等的包容性发展，故从金融机会不平等视角深入剖析金融发展的区际差异，对均等化金融机会培育金融包容性发展新增长点具有重要的应用价值。

---

* 四川省金融学会 2015 年重点课题成果。作者：郑长德、晏小燕。

6.2　文献综述

金融发展的区域差异是金融发展理论研究的重要议题，特别在如中国这样的大国，经济活动区域差异显著，金融发展区域差异是一个重要表现，成为学者们研究的热点论题。

国内学者研究金融发展的区际差异主要范式：金融发展理论、劳动分工理论、极化理论和新古典增长理论。从地方法规、区域经济等软环境决定金融发展的区际差异机制属于金融发展理论范畴，现有经验文献中认为部分软环境指标[①]与金融发展呈正相关，且多数以东部、中部和西部地区金融运行为研究对象。崔光庆、王景武（2006）、郑长德（2007）和伍艳（2009）从地方法规和政府行为的不同统计指标实证均得出地方政府行为与区域金融发展水平呈正相关，由此金融发展的区际差异必然会受到地方政府制度安排的影响。诸多学者将经济学其他分支理论引入金融发展理论以深入分析金融发展的区际差异决定因素。李敬、冉光和（2007）将劳动分工理论和Shapley值引进金融发展理论，构建基于劳动分工理论的金融发展模型并用夏普里值分解方法分解金融发展的区际差异，同样得出区域经济、政策倾斜等软环境主导着金融发展的区际差异。邓向荣、杨彩丽（2011）通过极化理论构建金融发展极化指数发现我国金融发展极化速度快且与经济极化呈现出较强的负相关关系，由此可见经济的区际差异决定金融发展的区际差异。综上所述，现有文献大多从宏观层面剖析金融发展区际差异，利用可塑性强的软环境解释金融发展的区际差异。

国内外学者研究金融发展区际差异微观理论依据主要是公司金融理论和公司金融的啄序理论。梁琪、陈文哲（2014）和约翰·博伊德（John H. Boyd），阿布·贾拉尔（Abu M. Jalal，2012）都在啄序理论基础上构建边际债务效用度量区域金融发展，研究发现地区间金融机构的发展差异是影响企业融资环境的本源。由此可知，国有企业和非国有企业的融资机会均等有赖于区域金融发展机会均等。国内学者则从公司在利益最大化驱动下探讨金融机构的金融资源配置行为，进而剖析金融发展区际差异的成因。王婷（2010）从金融市场的微观主体角度解释金融发展的非均衡性，构建金融机构利润动态模型并利用省级面板数据实证支持经济发展的区域差异和社会发展差异，通过金融资源歧视性配置行为下区域非均衡发展影响金融发展的区际差异的机理与路径。

综上所述，现有文献对金融发展区际差异的研究主要以宏观视角为主，微观

[①]　郑长德：《区域金融学刍议》，载《西南民族大学学报》2005年11月。

视角为辅。其中，金融发展区际差异的微观视角是主要从企业和金融机构两个微观市场主体出发，剖析主体差异对金融发展区际差异的影响的深远影响。然而，作为金融市场另一个组成部分——家庭和个体获得金融服务的机会和拥有并获得实际的金融服务的权利也值得学者研究。但现有文献由于数据的缺乏和理论依据的限制，难以剖析家庭和个体金融行为差异对金融发展区际差异的影响。因此，探讨家庭和个体的金融行为的区域差异可有力地解释金融发展区际差异，完善剖析金融发展区际差异成因的微观基础。

本章与现有文献的区别主要表现在两个方面：一方面，研究金融发展区际差异决定机制的视角不同。本章基于机会平等视角，着重分析不同地区家庭获得金融服务的机会差异，深入考察金融机会不平等对金融区际差异的影响，以弥补金融发展区际差异的微观主体研究文献的缺失。另一方面，金融发展区际差异的决定机制的理论依据不同。现有文献大多基于金融发展理论和公司金融理论构建具有微观基础和宏观基础的理论框架，而本章则主要利用机会平等理论和消费金融理论构建理论框架。鉴于世界银行（2006）和罗斯·莱文（Ross Levine，2008）均引入机会平等思想，扩大劣势群体的发展机会，使得发展机会均等化，从而缩短区际差距。故本章借鉴罗默（Roemer，2006）的机会均等化政策模型构建金融机会与金融发展区际差异间理论模型，深入探讨金融发展机会不平等对金融发展区际差异的影响。

综上所述，本章的可能创新之处有两点：第一，研究视角的创新。从家庭获得金融机会视角剖析金融机会差异解释金融发展区际差异的成因。第二，理论依据和理论模型的创新。将机会平等理论和金融发展理论结合，构建金融机会与金融发展理论模型，剖析金融机会不平等是金融发展区际差异的根本原因，而金融发展水平区际差异仅是由金融机会不平等引致的结果不平等的体现。

本章其余结构如下：6.3 节构建金融机会与金融发展的理论模型，6.4 节为实证分析金融发展机会与金融发展区际差异；6.5 节为结论及建议。

6.3 金融机会与金融发展理论模型

6.3.1 金融机会平等的内涵

机会平等理论的理论渊源是政治哲学和福利经济学，机会平等隐含的哲学思想是经济主体不应为其所面临的环境负责，但他们应该要为自己的努力水平和行为负责，而福利经济学家则认为机会平等主义者应该追求最大化劣势群体效用和福利水平。不同环境的主体付出相同的努力水平若获得相同的回报，则认为主体间发展机会是平等的，若结果不同则认为主体间发展机会不平等。换言之，机会平等是经济主体能达到的一种状态①。实际上，发展机会不平等是目前各经济主体普遍存在的一种现状。

依据机会平等内涵，金融机会平等则是指各区域家庭或个体拥有并实际获得金融服务的机会所能达到的一种状态，在该状态下不同环境下的家庭获取金融服务和资源的机会均等。换言之，家庭获取金融服务的差异主要是由其努力水平差异（或收入等人为因素）引致而非其面临的获取金融服务环境即金融机会的差异。由机会平等理论可知，金融发展区际差异引致不同地区家庭获取金融服务环境呈现出显著的差异，由此环境差异引致区域间金融机会不平等，金融机会不平等反作用于金融发展，使得金融发展的区际差异呈现出扩大的趋势。

结合机会平等内涵和金融机会平等内涵，就可定义金融机会。金融机会是指家庭在金融市场上拥有并实际获取金融服务权利的量化描述，可利用影响金融机会的变量刻画机会的值域分布。借鉴罗默（Roemer）的机会均等化政策模型，家庭消费金融机会分布函数可由金融服务环境、获取服务的经济因素和金融政策三方面条件决定，其公式为：

$$F(c, e, \varphi) \tag{6.1}$$

其中，c 代表家庭获取金融服务不可控的环境变量。例如家庭为获取金融服务所付出的各种交易成本，金融机构提供金融服务的便利性、产品的多样性、金融教育背景等环境指标；e 代表家庭参与金融市场的可控实力变量。例如，家庭的收入、资产、金融消费等可控指标。φ 代表政府金融政策对家庭金融行为的影响，F 代表金融结果分布。若令 C 表示环境变量分布值的集合，P 是经济实力分布值的集合，一旦相关政策实施，则可得 F→C×P。

6.3.2　金融发展与金融机会、金融机会不平等

由前述的金融机会不平等的理论框架可知，金融发展主要从两方面影响家庭金融机会。一方面，随着金融总量和金融市场规模的发展，家庭获取基础金融服务的资金支撑充裕，例如，消费贷款和信用贷款的成本将有所降低，便捷性提高。金融市场规模的发展将为家庭或个体提供多层次的金融服务，家庭可获取金融服务的机构选择多，那么家庭获取的金融服务机会将增多。例如，贷款由单一的银行等金融机构扩展至现在的 P2P、互联网金融提供的各种金融服务，家庭获取贷款的机会成本将大大降低，获取贷款的渠道更多，增加低收入阶层获取贷款

---

① John E. Roemer. Review Essay, "The 2006 world development report: Equity and development" [J]. *Journal of Economic Inequality*, Vol. 4, 2006, pp. 233 - 244.

的机会。因此，金融发展通过降低获取金融服务的机会成本增加家庭获取金融服务的金融机会。

另一方面，金融发展不仅带动金融量的发展而且促进金融质的飞跃。金融多元化的发展为家庭提供更多的金融服务机会，由此家庭获取的金融服务的交易成本将更低。金融产品的创新将为家庭带来更多的理财机会，从而带来更多的理财收益。余额宝的出现促使银行等金融机构开发货币基金，互联网金融企业促使银行等金融机构积极创新金融产品，互联网金融企业打破长久以来以银行为主的金融机构的垄断局面，促使银行降低各种交易成本，丰富金融市场层次，增加家庭等微观主体获取金融服务的机会集。由此，金融发展通过丰富金融市场层次等质的飞跃，改善微观主体获取金融服务的服务环境，增加家庭获取金融服务的机会集，减少不同区域家庭获取金融服务的机会集的差距。

金融发展通过服务环境和经济实力影响金融机会，而金融发展的区际差异必然会引致金融机会的区际差异，由此区域间呈现出显著的金融机会不平等特征。金融发展影响金融机会集，引致不同家庭金融机会不平等，剖析不同区域家庭金融机会不平等的成因，探索金融发展区际差异的本源，即可从微观视角解释金融发展的区际差异。借鉴凯基·丹尼尔和维托·佩拉希内（Checchi Daniele & Vito Peragine，2010）分解机会不平等的方法分解金融机会不平等，剖析金融发展对金融机会不平等影响，揭示导致金融发展区际差异的本质。

6.3.3 分解金融机会不平等理论框架

测量机会平等有两种方法：事前方法和事后方法。事前方法是指在所有类型具有相同的平均值情况下达到机会平等，同时不同类型结果不平等程度的减轻则减少机会不平等程度。事后方法是付出相同程度的努力的主体取得相同的结果时，所有主体间不存在机会不平等。机会不平等程度随相同实力主体间的结果不平等的减轻而减轻[①]。同一类型间家庭能对其消费金融行为负责，因此家庭获取金融服务的机会差异主要是金融服务环境差异的具体表现。基于此，本章拟将利用凯基·丹尼尔和维托·佩拉希内（2010）提出事前方法来测量金融机会不平等，剖析金融机会不平等与金融发展区际差异的关系。在测量金融机会不平等前，将对金融机会平等理论作如下四点假设：

1. 假设 e 不受 c 影响。某个地区家庭的获取金融服务可控因素不受其服务环境的影响，仅由其行为负责。

---

① Checchi Daniele & Vito Peragine. Inequality of Opportunity in Italy [J]. *Journal of Economic Inequality*, Vol. 8，2010，pp. 429 – 450.

2. 假设任意两个自变量给定，另一个变量是因变量的唯一决定因素。例如，一旦环境和政策固定，则 e 是 F 唯一的决定因素；或者给定努力和政策，c 是影响 F 的唯一因素。政策变量对家庭金融行为的影响可以忽略不计。

3. 假设同一类型家庭间的结果差异是由家庭获取金融服务的可控因素引致，即同类型家庭金融机会不平等仅受可控因素差异的影响，而非金融服务环境的差异。

4. 假设在其他条件不变的情况下，e 与 F 正相关[①]且严格单调递增。

因此，式（6.1）可简化为：

$$f = g(c, e) \tag{6.2}$$

由于 c 是矢量且元素是有限的、离散的指标，那么可将家庭依据 c 划分 n 种类型，所有的类型可用集合表示，即 $\prod = \{T_1, T_2, \cdots, T_n\}$。若 $c_i = c_j$，$\forall i$，$j/i \in T_n$，$j \in T_n$，则子集可用 n 表示，称为一种类型 T_n，同时在环境相同的情况下，不同类型间家庭金融机会只取决于 e_{in}。令 $F_n(f)$ 表示类型 T_n 的金融机会的结果分布，q_n 表示类型 T_n 中家庭占总家庭的占比。因此，所有家庭的金融机会结果则为如下公式：

$$F(f) = \sum_1^n q_n F_n(f) \tag{6.3}$$

基于 Checchi Daniele & Vito Peragine（2010）的事前方法测量金融机会不平等并分解家庭消费金融机会不平等。给定相关变量，详见如下：

（1）$F = (F_1, \cdots, F_i, \cdots, F_n) \in R_+^N$

（2）$F_B = (\mu_{F_1} 1_{T_1}, \cdots, \mu_{F_i} 1_{T_i}, \cdots, \mu_{F_n} 1_{T_n}) \in R_+^N$

（3）$F_W = (\tilde{F}_1, \cdots, \tilde{F}_i, \cdots, \tilde{F}_n) \in R_+^N$

其中，F 代表家庭金融消费集，F_i 代表将家庭金融消费按环境划分为 n 个子集之一，$\forall i \in \{1, \cdots, i, \cdots, n\}$；$\mu_F$ 是子集中家庭的平均金融消费支出，1_{T_i} 是长度为 $\frac{N}{n}$ 的单位矢量；$\tilde{F}_i$ 是按照公式（6.4）对每个类型中家庭金融消费进行调整后获得新的集合。

$$\forall i \in \{1, \cdots, i, \cdots, n\}, m \in \{N_1, \cdots, N_i\}, f_i^m \rightarrow \frac{\mu_F}{\mu_{F_i}} f_i^m \tag{6.4}$$

（1）是所有家庭金融消费的集合。（2）则是反事实变量集合[②]。依据事前方

---

① John E. Roemer. Equality of Opportunity: A progress report [J]. *Social Choice and Welfare*, Vol. 19, 2002, pp. 455 – 471.

② 反事实变量是控制努力程度后构建机会平等时各子集值的变量。详见 Francois Bourguignon, Francisco H. G. Ferreira（2007）: Inequality of Opportunity in Brazil。

法达到机会平等的内涵，利用类型的均值表示各子集的值，构建测量反事实变量 F_B 中的不平等，消除同一类型不同家庭的实力差异对机会不平等的影响，从而反映不同类型间的机会不平等程度。（3）是通过调整所有类型的机会分布直至所有类型（即各子集）具有相同的均值。F_W 消除不同类型间家庭消费金融因环境差异而引致的金融消费差异的机会分布，从而反映同一类型不同家庭金融机会不平等。

综上所述，在事前方法下，对于任何的机会分布 $F \in R_+^N$，$F = (f_1, \cdots, f_N)$，均值 μ_F，则可利用机会分布的离差作为总的金融机会不平等指数。可依据收入分配的方法定义金融机会分配不平等指数，引入总熵指数法测度金融机会不平等。总熵指数法中的均值偏差指数（MLD）不仅是不平等方法中包含信息的方法，而且可将不同家庭金融机会不平等分解为组间差异和组内差异之和。因此可将均值对数偏差指数（MLD）作为金融机会不平等指数详见公式（6.5）：

$$I(F) = \frac{1}{N} \sum_{i=1}^{N} \ln \frac{\mu_F}{f_i} \tag{6.5}$$

由此可将家庭分组并分解成组间差距 F_B 和组内差距 F_W 之和，分别表示为 $I(F_B)$ 和 $I(F_W)$。而基于前述的金融机会平等的内涵，可将金融机会不平等指数分解为环境差异和经济实力等可控因素分别引致的组间差异 F_B 和组内差异 F_W，可用公式（6.6）表示：

$$I(F) = I(F_B) + I(F_W) = \sum_{g=1}^{n} \frac{N_g}{N} \left[\sum_{i \in F_g} \frac{1}{N_g} \ln \frac{\mu_{F_g}}{f_i} \right] + \sum_{g=1}^{n} \frac{N_g}{N} \ln \frac{\mu_F}{F_g} \tag{6.6}$$

公式（6.6）中 F_g 实证分析中 g 组家庭金融机会值的平均值代替，N_g 表示 g 组家庭数，并且 $N = \sum_{g=1}^{n} N_g$。而对于上述给定的 $I(F_B)$ 和 $I(F)$，那么由环境差异引致的机会不平等指数可表示为：

$$OI_B = \frac{I(F_B)}{I(F)} \tag{6.7}$$

那么，由家庭可控因素引致的金融机会不平等指数则可由式（6.6）和式（6.7）联合推导得出如式（6.8）：

$$OI_W = 1 - \frac{I(F_B)}{I(F)} \tag{6.8}$$

通过式（6.7）和式（6.8）可将金融机会不平等成因分解为由获取金融服务环境和经济实力等可控因素，利用金融机会不平等成因剖析金融发展区际差异的微观影响因素。依据理论框架，在控制变量的研究方法下，则可分解并定量分析金融机会不平等的成因，定量分析金融发展区际差异的根本原因，探讨金融发展区际差异的微观形成机制。

6.4　中国的金融机会不平等：实证分析

此部分将依据前述的理论框架剖析中国金融机会不平等，揭示金融发展区际差异的根源。现有文献解释区域金融发展差异一般利用省级面板数据进行实证分析，但本节将利用微观的截面数据构建测量金融机会不平等的实证模型，剖解金融机会不平等的成因，从金融机会不平等视角揭示金融发展区际差异的根本原因，探讨金融发展区际差异的微观根源。

6.4.1　变量选取与数据说明

依据家庭消费金融行为可选取变量作为家庭获取金融服务的机会集，金融机会集应包含影响家庭消费行为的两方面内容。一方面，家庭能对金融消费行为负责的可控因素。例如，家庭的月收入决定家庭金融资产的购买力，家庭对金融知识和金融产品的认识将影响家庭购买金融资产组合，家庭投入金融教育的金钱成本和时间成本等金融教育亦会影响家庭金融的消费行为。另一方面，家庭不能控制的影响金融消费行为的因素。例如，家庭所在地区的金融机构提供金融服务的差异，家庭接触金融知识的途径和家庭需要接受的金融知识是家庭不能控制的因素，银行等金融机构在交易过程的强势地位是家庭不能影响的，交易过程中的信息不对称是家庭不能消除的。综上所述，影响家庭金融机会集的变量可归纳为家庭可控的、可完善的因素和家庭不可控的环境因素。

根据金融机会不平等分解的理论框架，实证模型应选取体现金融机会集价值的变量、环境变量和家庭可控变量。鉴于前述的金融机会不平等的理论框架，同时考虑数据的可得性，选取各代理变量并将其进行标准化和量化处理。各代理变量详细如下：

F 代表家庭获取金融服务机会集的总值且综合体现家庭金融的消费行为。家庭金融的消费行为主要包含金融资产和金融负债，而金融资产是家庭金融消费行为中交易频繁和常见的消费行为。由此，F 的代理变量将选取与金融资产相关的指标，而金融资产中非存款占金融资产的比重更能体现区域间家庭在金融消费行为上的差异，进而反映区际金融发展对该区域金融消费行为的影响。因此，F 的具体代理变量将用非存款占金融资产的比重（The value of finance opportunity, OF）表示。

e 是影响金融机会集的家庭可控的、可改善的因素。那么，e 的代理变量应满足家庭可控的且可以改善的指标。考虑 F 代理变量用百分比表示，故 e 选取家庭在金融教育上的投入约占月收入的比重（The ratio of finance education cost，CF）。

c 代表影响金融机会集的不可控的环境因素，家庭获取金融服务的环境差异更能体现不同区际间金融机会不平等的程度，而以环境为标准是事前方法下剖解金融机会不平等的关键因素。因此，环境代理变量的选取需具有典型的区域性。根据现有的环境变量和数据，可将 c 的代理变量选为家庭获取金融服务的地区差异，进一步将样本数据划分为特定的类型。

为保证样本数据权威性和准确性，本节的数据全部源于清华大学中国金融研究中心（CCFR）组织的 2012 年中国城市居民家庭消费金融调研数据，样本数据覆盖包括东北、华北、华东、华南、华中、西北、西南地区的 3 类不同经济发展水平的共 24 个城市，有效样本共 3122 份。

6.4.2 样本数据的处理

6.4.2.1 样本数据区域的划分

根据事前方法测量金融机会不平等，将样本数据以环境为标准划分特定的类型。根据调研数据和理论模型的设定，分解金融机会不平等的成因须以样本所在地区的金融发展水平相关。因此，本节拟用家庭所在地区作为金融机会的环境变量划分调研样本类型，分解金融机会不平等的成因，揭示金融发展区际差异的根源。按照中国 7 大地理区可将 24 个城市划分为东北、华北、华东、华南、华中、西北、西南 7 个地区。7 种类型包含的城市详见表 6-1。

表 6-1　　　　　　　　　　　样本数据地理区域划分

地理区	东北	华北	华东	华南	华中	西北	西南
城市	沈阳、吉林、伊春	北京、朔州、包头	上海、徐州、安庆、泉州、南昌、济南	广州、海口、桂林	武汉、株洲、洛阳	西安、乌鲁木齐、白银	重庆、攀枝花、昆明

资料来源：清华大学中国金融研究中心（CCFR）。

6.4.2.2 变量的描述性统计和统计分析

实证分析之前，将对样本数据进行描述性统计以确保样本数据的精准性和一致性。非存款金融资产占金融资产百分比和家庭在金融教育上的投入约占月收入的比重的均值分别为 45.39% 和 2%，其他指标详见表 6-2。

表6-2		样本数据的描述性统计			
	均值	中位数	最大值	最小值	标准差
OF	45.385	44.44	100	0.1	27.7584
CF	2.1935	2	5	1	0.4884

资料来源：根据清华大学中国金融研究中心（CCFR）数据分析计算。

　　根据金融机会不平等的测量方法和公式（6.3），则可将7大地理区的金融机会集合的价值和家庭金融教育投入集合的价值计算得出。由图6-1可知，7大地理区被调查家庭的金融教育投入相差不大，金融教育投入占家庭比重基本在2.18%左右。依据理论框架和机会平等原则，地理的差异不应影响金融机会，7大地理区应具备相同的金融机会价值，至少区际的趋势图应与家庭金融教育投入趋势图相同。但由图6-1可知，7大地理区的金融机会值区际呈现上下波动的差异。例如，西南地区和华北地区，调研家庭的金融教育投入占月收入比均在2.2%左右，但华北和华南金融机会值呈现出显著的差异。

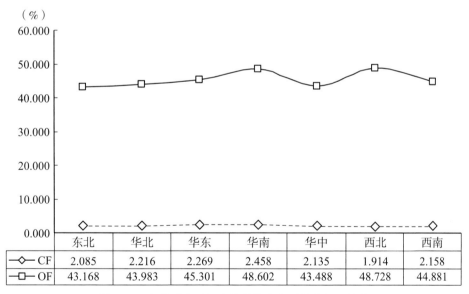

（%）	东北	华北	华东	华南	华中	西北	西南
CF	2.085	2.216	2.269	2.458	2.135	1.914	2.158
OF	43.168	43.983	45.301	48.602	43.488	48.728	44.881

图6-1 各类型金融机会集价值和金融教育投入趋势

资料来源：根据清华大学中国金融研究中心（CCFR）数据分析计算绘制。

　　综上所述，区际家庭金融机会呈现出显著的不平等，区际间家庭金融教育投入占月收入的比重的差异对金融机会值的影响则需控制环境变量后深入剖析。但机会平等哲学思想，由家庭本身可控且可改善的因素引致的不平等是可接受的。因此，家庭教育投入占月收入的比重差异引致的金融机会不平等应该由家庭承担机会成本，故统计分析中不单独分析家庭金融教育投入对金融机会不平等的影响。

依据清华大学中国金融研究中心（CCFR）调研过程中选取 7 大地理区 3 类经济发展水平城市进行问卷填写。因此，可对同一地理区的 3 类经济发展水平进行统计分析以深入考察环境对金融机会值的影响。调研过程中华东地区的选取的城市共 6 个城市，西南和华中地区选取 3 个城市经济发展水平代表性强和典型性强，由此选取上述 12 个城市进行统计分析。详见图 6-2。图 6-2 传达两方面的信息：一方面，同一地理区，不同经济发展水平的城市，家庭金融机会值不同。西南地区三个城市的金融机会值与家庭金融教育投入占月收入比呈显著的正向关系，华中地区的金融机会值则与家庭金融教育投入呈显著的负相关，而华东地区金融教育投入与金融机会值的关系则呈现一定的波动。另一方面，12 个城市金融机会值在地区环境差异和家庭金融教育投入差异的双重影响下，城市间家庭金融机会值差异较大。

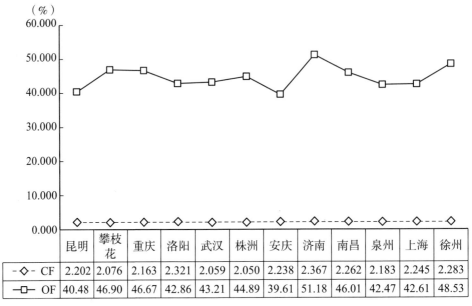

图 6-2　12 个城市金融机会集价值和金融教育投入趋势

资料来源：根据清华大学中国金融研究中心（CCFR）数据分析计算绘制。

6.4.3　金融机会不平等的分解

　　依据家庭所在的地理区和家庭金融教育投入占月收入的比重可将样本数据划分为 7 种类型和 5 个金融教育投入占比层次，每个子集和样本容量详见表 6 - 3。在金融机会不平等理论框架下，家庭付出相同的金融教育投入比后应获取相同的金融服务机会，但表 6 - 3 可知，不同地区家庭获取金融服务的机会值差异较大。除西北、西南和东北地区，华北、华东、华南和华中地区金融机会值与家庭在金融教育投入占月收入比重均呈现出显著的正向关系。7 大地理区西北、西南和东北地区由于样本城市的选择和样本容量的差异，理论框架的影响有些差异，但样本整体基本符合模型的假设。

表 6 - 3　　　　　　　　　　　　其中类型的金融机会值的分布

金融投入比（%）＼地理区域	东北	华北	华东	华南	华中	西北	西南
1	33.26	38.90	37.24	33.27	38.59	39.89	40.75
	76	93	145	44	64	103	85
2	44.86	42.51	44.21	48.27	39.70	50.60	44.30
	182	215	334	163	189	183	196
3	46.01	46.49	49.06	50.14	52.15	56.55	48.04
	83	147	277	142	94	59	125
4	69.32	63.06	59.47	58.95	64.86	80.00	45.78
	7	17	16	22	6	1	10
5	43.17	63.14	62.05	74.23	70.56	48.73	75.07
	3	5	16	11	2	4	2

　　注：表格中第一行是金融机会均值，第二行是样本容量。
　　资料来源：根据清华大学中国金融研究中心（CCFR）数据分析计算。

　　根据收入分配不平等的测度方法，首先将样本按地理区域进行划分并用相对平均偏差、标准差系数测度指数和均值对数偏差指数三种方法分别测量样本总体和 7 大地理区的金融机会不平等，详见表 6 - 4。依据前述的理论框架，实证中将均值对数偏差指数作为金融机会不平等指数，同时分解金融机会不平等以探讨金融服务环境对金融发展区际差异的影响。

表 6 - 4　　　　　　　　　　　　样本金融机会值不平等测量

不平等测量	总不平等	东北	华北	华东	华南	华中	西北	西南
相对平均偏差	0.5181	0.5509	0.529	0.5128	0.4681	0.509	0.5216	0.5154
标准差系数测度指数	0.6116	0.6453	0.6347	0.6146	0.5596	0.6102	0.604	0.6037
均值对数偏差指数	0.357	0.4197	0.3873	0.3561	0.2788	0.3779	0.3569	0.3182

资料来源：根据清华大学中国金融研究中心（CCFR）数据分析计算。

在事前方法下，依据均值对数偏差指数可将 7 大地理区和样本中的家庭金融机会不平等分解，由于家庭金融教育投入占比等可控因素影响的组内金融机会不平等和家庭所处的地理差异等不可控的环境因素引致的组间金融机会不平等。由表 6 - 5 可知，东北地区 3 个不同城市家庭金融机会不平等分解中，环境对家庭金融机会集的影响在 7 大地理区中最大，环境引致的家庭金融机会不平等能解释东北地区金融机会不平等的 1.3081%，而华中地区 3 个不同城市家庭获取金融服务的机会受环境因素的影响较小，由地区差异引致的金融机会不平等仅能解释金融机会不平等的 0.0554%。样本调查中，华中地区选取的武汉、株洲和洛阳 3 个地区金融发展水平相差不大且 3 个地方家庭的收入居中。因此，华中地区城市金融发展差异对家庭金融机会不平等的影响较小。总样本中不同地理区对家庭金融机会不平等的影响十分显著。分解总样本中家庭金融机会不平等可得，7 种类型间差异能解释金融机会不平等的 3.5256%。因此，家庭所处的地理区对其获取金融服务的机会集影响深远，即样本中不同家庭所面临的金融服务环境显著地影响家庭获取金融服务，引致不同地理区的家庭获取金融服务的金融机会不平等。

表 6 - 5　　　　　　　　　　　金融机会不平等分解（事前方法）

金融机会不平等分解	组间不平等	组内不平等	总不平等	组间不平等占比（%）	组内不平等占比（%）
东北	0.0055	0.4142	0.4197	1.3081	98.7000
华北	0.0004	0.3869	0.3873	0.1040	99.8909
华东	0.0035	0.3526	0.3561	0.9739	99.0120
华南	0.0007	0.2781	0.2788	0.2559	99.7409
华中	0.0002	0.3777	0.3779	0.0554	99.9579

续表

金融机会 不平等分解	组间不平等	组内不平等	总不平等	组间不平等 占比（%）	组内不平等 占比（%）
西北	0.0002	0.3567	0.3569	0.0583	99.9579
西南	0.0021	0.3161	0.3182	0.6583	99.3504
总体	0.0126	0.3444	0.357	3.5256	96.4744

资料来源：根据清华大学中国金融研究中心（CCFR）数据分析计算。

综上分析可知，家庭可控因素对金融机会集合作用显著大于家庭不可控因素，但不同地区由于经济发展水平、金融发展水平等因素对家庭获取金融服务的影响在一定程度上起着重要作用。同一地理区不同城市的家庭地区发展差异对获取金融服务的金融机会影响不如7大地理区的家庭由于区域发展差异而体现的金融机会不均等显著。同一地理区城市间的金融发展和经济发展较小，因此家庭获取金融服务的金融机会基本取决于家庭获取金融服务的可控和可完善因素，而不同地理区的金融发展和经济发展的差异较大，由此对家庭获取金融服务的金融机会影响显著，组间不平等对金融机会不平等的解释力度较大。

6.5　结　　论

将机会平等思想引入金融发展，从微观主体出发讨论金融发展区际差异对地区家庭消费金融行为的影响，而进一步探讨金融发展区际差异的本源。家庭作为经济活动和金融活动的重要参与者，其消费行为与金融活动和金融发展密切相关。因此，基于此从家庭金融机会不平等出发解释金融发展区际差异。通过对家庭金融机会进行定性分析和定量分析，可得出两方面的结论，并总结出模型中可运用至实际问题的政策思路。

一方面，将机会平等理论框架融合至金融发展理论，理解金融机会内涵、设定金融机会集合和构建金融机会不平等理论框架。依据现有文献对金融发展区际差异的研究并结合机会平等内涵，本章将影响家庭金融机会集的因素归纳为家庭金融教育投入等可控因素和家庭所处的地理位置等不可控因素。按照机会平等原则，构建家庭获取金融服务的金融机会不平等理论框架。同时基于 Checchi Daniele & Vito Peragine（2010）提出事前方法测量家庭获取金融服务的金融机会不平等，分解金融机会不平等，由此剖析可控因素和家庭所处的地理因素差异对金融机会不平等的影响。依据事前方法，将家庭按照其地理位置划分为不同类型，比较不同类型金融机会值，若不同类型金融机会值相同则家庭获取金融服务的金融机会不受其所处的地理位置和面临的金融发展影响；反之，不同环境下的家庭获取金融服务存在显著的机会不平等。

另一方面，本章利用清华大学中国金融研究中心（CCFR）组织的 2012 年中国城市居民家庭消费金融调研数据定量分析不同地理区家庭金融机会不平等的现状。实证分析，同一地理区不同城市的家庭获取金融服务的金融机会不平等，基本是由于家庭对金融教育投入等可控且可改善的因素的差异而引致的不平等，而家庭所面临的金融服务环境差异对金融机会不平等的解释力度较弱。从全国样本家庭分析则可得出家庭所处的地区金融发展等不可控因素对家庭获取金融服务的金融机会影响比较显著。依据家庭所在的地理区将样本家庭划分为 7 大地理区，而家庭所处地理区的差异引致的不平等能解释样本家庭金融机会不平等的 3.5256%。由此可见，家庭获取金融服务时所面临的服务环境和地理差异越大，解释金融机会不平等的力度则越强，这正说明家庭获取金融服务的不可控因素对金融机会的影响不容忽视。

通过对家庭金融机会不平等的剖析，不难发现家庭可控因素对金融机会不平等的作用较大，但影响金融机会不平等的不可控因素往往是难以短期内改变的。家庭作为金融活动中重要的参与者，家庭可控的消费金融行为对金融发展具有量的增长和质的提升，影响家庭获取金融服务的地区差异是缓解金融机会不平等的突破口，同时也是制定缩短金融发展区际差距的政策方向之一。在中国经济进入中高速增长阶段，在这一阶段政府应做好两手准备：一方面，利用互联网驱动金融创新进而推动金融的均衡发展，为金融市场营造机会平等的竞争环境，丰富金融市场层次，扩大微观主体获取金融服务的金融机会，从均等化机会政策思路出发制定适宜均等化金融机会的政策，改变金融发展区际差异扩大的现状。另一方面，大力发展普惠金融，缓解微观金融主体在交易过程中的弱势地位，均等化微观主体拥有并实际获得的金融机会。从根源上改善微观主体获取金融服务的金融机会不平等现状，突破金融发展区际差异难以改善的"瓶颈"。

本章参考文献

［1］王婷. 区域发展的非均衡性与金融资源配置差异研究［J］. 经济研究，2010（10）：22 - 28.

［2］邓向荣，杨彩丽. 极化理论视角下我国金融发展的区域比较［J］. 金融研究，2011（3）：86 - 96.

［3］伍艳. 地方政府行为与区域金融发展：理论与实证研究［J］. 西南民族大学学报，2009（12）：101 - 105.

［4］刘志伟. 收入分配不公平程度测度方法综述［J］. 统计与信息论坛，2003（9）：28 - 32.

［5］李敬，冉光和等.中国区域金融发展差异的解释［J］.经济研究，2007（5）：42 - 54.

［6］郑长德.区域金融学刍议［J］.西南民族大学学报，2005（11）：151 - 160.

［7］郑长德主编.中国区域金融问题研究［M］.中国财政经济出版社，2007.

［8］崔光庆，王景武.中国区域金融差异与政府行为：理论与经验解释［J］.金融研究，2006（6）：79 - 89.

［9］梁琪，陈文哲.边际债务效用与区域金融发展度量［J］.国际金融研究，2014（4）：70 - 85.

［10］Asli Demirguc - Kunt, Finance and Economic Opportunity［R］. The World Bank Policy Research Working Paper, 2008, 1, No. 4468.

［11］Checchi Daniele & Vito Peragine. Inequality of Opportunity in Italy［J］. *Journal of Economic Inequality*, 2010（8）：429 - 450.

［12］Francois Bourguignon & Francisco H. G. Ferreira. Inequality of Opportunity in Brazil［J］. Review of Income and Wealth, 2007（12）：585 - 618.

［13］John E. Roemer. Equality of Opportunity：A progress report［J］. Social Choice and Welfare, 2002（19）：455 - 471.

［14］John H. Boyd & Abu M. Jalal. A new measure of financial development：Theory leads measurement［J］. Journal of Development Economics, 2013（99）：341 - 357.

［15］Ohn E. Roemer. Review essay, "The 2006 world development report：Equity and development"［J］. Journal of Economic Inequality, 2006, 4：233 - 244.

［16］Paolo Brunori & Francisco H. G. Ferreira. Inequality of opportunity, Income Inequality and Economic Mobility：Some International Comparisons［R］. The World Bank Policy Research Working Paper, 2013, 1, No. 6304.

［17］Steven N. Durlauf, Lawrence E. Blume. The New Palgrave Dictionary of Economics［M］. UK, 2008：Word count（4026）.

［18］The World Bank. World Development Report 2006：Equity and Development［R］. A co publication of The World Bank and Oxford University Press, Washington, 2006：18 - 23.

第7章

产业结构升级与金融结构演变
研究——基于省级面板数据分析[*]

7.1 引　言

经济结构调整是我国发展战略的主线，更是全面建设小康社会的基本途径，经济结构调整不仅包括产业结构升级，也包括融资结构的转换，融资结构提升既是金融发展的重要途径，也是产业结构升级及经济实现最优增长的必要条件。融资结构体系的形成、发展与变迁同时会受到产业结构转变的倒逼作用。恰逢"十三五"规划开篇的重要时机，为了达到 2020 年全面建成小康社会的宏伟目标，探明融资结构转变与产业结构升级的关联机制，既是制定科学合理的金融发展战略与促进金融改革与创新的现实需要，也是促进产业结构调整和升级，实现经济可持续发展的关键。

新结构经济学的观点认为，一个国家或地区的产业结构取决于该地区的资源禀赋，而金融服务又内生于产业结构，因此经济发展的不同阶段对应于不同的最优融资结构，产业结构的发展离不开融资方式的转变。本章对近年来融资结构与产业结构变动的研究动态进行归纳和总结，试图对该领域的理论发展和实践开展做出贡献；通过分析我国各省区之间的融资结构与产业结构变动的关联关系，通过面板实证研究，分析金融资产结构对产业结构升级的相关影响，以期能为不同地区产业发展提出相应的融资对策建议。

基本概念的界定。

金融结构：美国经济学家金·史密斯（Goldsmith，1969）最早将金融结构定义为金融工具与金融机构的相对规模，提出金融结构的变迁即为金融发展，金融发展水平的差异导致金融结构的差异，并将金融相关率 FIR——全部金融资产与

---

* 四川省金融学会"十三五"规划课题成果。作者：郑长德、彭见琼、贾敏、钟磊。

全部实物资产（国民财富）之间的价值比值作为衡量金融结构的指标。金融结构包含两个层次：一是指在金融体系中金融机构、金融业务、金融工具、金融资产等各个组成部分的比例、相互关系即变动趋势；二是指上述各个组成部分内部的构成、比例关系及其变动趋势。

由于金融结构的分类不同，指标的选取也存在各异，所以在选取研究金融结构方面，主要选取金融机构的资产结构作为金融结构的研究对象。金融资产结构是一个国家或地区在一定的时期内各类金融资产彼此之间的数量构成和组织结构关系，以及各类金融资产与金融资产总量或经济总量之间的数量和组织结构关系。本章所研究的金融资产结构主要是从这几方面来考察，金融资产结构的金融资产内部结构、金融资产外部结构、金融资产市场结构、金融资产效率结构组成。

产业结构：产业结构是指在社会再生产过程中，国民经济各个产业之间的生产技术经济联系和数量比例关系。产业结构的基本含义可以从两个角度来考察：一是"质"的角度，就是动态地解释产业间技术经济联系与联系方式不断发展变化的趋势，揭示经济发展过程的国民经济各产业部门中居主导或支柱地位的产业部门不断替代的规律及其他相应的"结构"效益；二是"量"的角度，也就是静态地研究和分析一定时期内产业间联系与联系方式的技术经济数量比例关系，即产业间"投入"和"产出"的量的比例关系。

产业结构升级：主要指产业结构由低级向高级演进的过程，是实现各产业协调发展，技术水平增强，产业总体水平不断提升的过程。产业结构优化是指通过产业调整，使各产业内部和产业之间的供给结构与需求结构相适应；通过资源的优化配置和合理利用，提高资源的利用率和配置的效率，从而使各产业实现协调发展，并满足社会不断增长的需求。产业结构升级包含于产业结构优化之中。产业结构升级的过程，就是技术不断进步和生产社会化程度不断提高的过程。通过提高技术创新能力，发展高新技术产业；提高产业自身即使创新能力等使得产业结构由第一产业占优势比重向第二、第三产业占优势比重的方向顺次演进；由劳动密集型产业占优势比重向资金密集型、技术密集型、知识密集型产业占优势比重的方向演进等。就中国而言，指产业结构从第一产业向第二、第三产业转变、第二、第三产业内部等各产业之间的数量比例关系和相互关联关系的调整和优化。

7.2　文献综述

帕特里克（Patrick，1966）在其发表的《欠发达国家的金融发展与经济增长》提出"供给主导（supply leading）"理论，认为金融结构能够主动动员滞留在传统部门的资源，转移到能推动产业结构升级的现代部门，促进了资源配置效率的提高；金融结构的转变也提供了更多的融资渠道和更低风险的金融服务，为产业结构的升级和经济结构的转型创造了有利条件。国内外学者主要从以下几个方面来阐述产业结构与金融结构的关系：

7.2.1 金融主导的视角

从主导视角来看，学者们主要围绕市场主导型金融结构与银行主导型金融结构展开。由于行业的不同成本和风险差异，拉詹（Rajan R. G，1999）、津加莱斯（Zingales，1999）认为企业的外源融资可以分为银行间接融资和资本市场的直接融资，不同行业、不同企业在选择融资方式时信息成本存在差异，因此企业有不同的融资结构。艾伦（Allen，1993），布特（Boot，1997）、撒克（Thakor，1997）等学者提出：市场导向的金融体系比银行导向的金融体系更加适合高创新、高风险的行业（项目），银行导向的金融体系适合于低风险的传统投资行业（项目）。

平（Binh）、帕克和申（Park and Shin，2005）为了研究金融结构与产业增长之间的关系，利用经济合作组织国家的 26 个制造业的产业数据进行研究，进一步证实了前者观点；选择产业的的研发密度、操作风险、资本密度等指标作为衡量产业技术特征的变量，结果表明：在发达国家，中介导向型的融资结构对促进传统型、低风险的产业的升级有一定的优势；而具有高风险，研发密集型；高资本密集型的产业在以金融市场为主导的国家中增长速度更加快速，在以银行为主导型的金融体系中增长相对缓慢。

卡林（Carlin）和梅耶（Mayer，2003）通过横截面数据模型调查了制度、金融结构与产业特征之间的关系，发现金融体系结构与行业增长之间存在强的相关关系，他们提供的研究结果表明金融发展跟研究与开发是相关的，而不是固定投资。最后，克莱森斯（Claessens）和莱文（Laeven，2005）探索了关注于产业部门增长的银行的影响，结果发现，在更加具有竞争性的银行体系的国家中，高度利用外部资金的产业增长更加快速。

温格（Wengere，1997）和凯瑟尔（Kaserer，1998）认为市场主导融资结构体系优于银行主导融资结构体系，大部分国有银行倾向投资于劳动密集型产业和为达到政治目标而出资；大银行由于受到管制较少，更容易同企业经营者达成串谋，损害债权人的利益，妨碍形成有效的公司治理结。

基姆、东一贤等人（Kim，Dong - Hyeon，et al.，2016）运用跨国各种产业数据实证分析了银行主导或市场主导型融资结构对经济增长的影响，得出在银行主导的融资体系中中小企业发展更快，发展中国家应加强银行导向的金融体系政策以促进经济增长。

拉詹（Rajan）和津加莱斯（Zingales，1998），用股票市值以及国内信贷占国内生产总值的比率，来测度金融发展水平。他们发现更多地依赖外部金融的产业部门从金融发展中受益。沃格勒（Wurgler，2000）也估计了股票市场在资本的跨国分配的有效性中起到的作用。结论是股票市场在重新分配信贷到不断增长的产业部门中起到了良好的作用。

7.2.2 产业决定的视角

龚强、张一林、林毅夫（2014）通过在分析经济发展的不同阶段，认为银行和金融市场对产业发展具有不同的作用。主要从产业技术、产品成熟度、风险的大小以及资金回报等方面来分析银行和金融市场的作用，银行对产品和技术成熟、风险较低，资金回报稳健的产业提供了有效的融资渠道，而金融市场则对创新性、高风险性的产业提供有力支持。随着经济和产业结构的优化升级，金融结构也需要相应与产业结构的变化而变迁，中国的金融结构必须适应不断产业结构的发展；比较著名的就是最优金融结构方面的研究。林毅夫（2013）认为特定经济发展阶段的要素禀赋结构决定了该阶段的最优产业结构，从而决定该阶段的最优融资结构；发达经济体与发展中经济体的融资结构不一样，由于公司大小决定其融资决策，小公司筹资规模比大公司小，平均交易成本上升；发展中经济体劳动密集型的小企业较多且面临管理风险，因此中小型商业银行更适合发展中经济体；而发达经济体中，由于资本和技术密集的大公司较多，由金融市场和大型银行融资的方式比小型银行更合理。同时，一个经济体的产业结构也会随着发展阶段的不同而不同。

7.2.3 金融法权的视角

亦有学者从金融法权的视角来研究金融结构对于经济的作用，拉詹（Rajan）、津加莱斯（Zingales，1998）认为银行主导的金融体系在法制比较弱的国家能够更好地促进经济增长，因为势力强大的银行将迫使企业披露信息和偿还债务，而随着法制的健全，市场主导型金融体系将会更有优势。另外，拉詹（Rajan）、津加莱斯（Zingales，2000）认为在决定一国金融结构方面，政治因素可能比法系渊源更为重要，比如一国对外来影响的开放程度和政治体制的集权性质以及不同时期实施的政策措施；恩里科·佩罗蒂（Enrico Perotti，2013）通过政治经济学相关文献来理解政府、竞争、资金组成部分以及信贷可获得性的改变。表明政治制度上的演进能解释金融演化，尤其是解释金融结构的快速变化，在未来的研究中，应该把资源和金融不稳定性设定在模型当中，目的是为了预测再分配冲击下形成的监管机会与金融管理。

贝克（Beck）、孔特（Kunt）、罗斯·莱文和马克西莫维奇（Ross Levine and Maksimovic，2000）为了研究金融结构与经济增长关系，从市场主导型金融体系与银行主导型的金融体系进行研究，通过使用横截面回归，产业面板回归以及公司层面三种方法分析得到一致的结论，结果表明，金融结构不是一种有效的方式来区分金融体系，在以市场或者是银行为主导的金融体系中，国家经济增长和公司增长不是很快，公司获得外部融资也并不更加的容易以及新的企业也不容易成立。而在一个更高水平中的全面的金融体系当中，则情况则好得多。此外良好的法律体系以及有效率的产权保护能促进金融和经济更加快速的增长。

7.2.4 金融服务的视角

安杰洛斯·安特周莱特斯（Angelos A. Antzoulatos），尼古拉斯·安勃尔斯和克里斯·萨姆斯（Nicholas Apergis and Chris Tsoumas，2011）通过使用面板协整模型来探索金融结构与产业结构的相关关系。使用1990～2001年的29个国家的28个工业部门的年度数据实证检验，结果显示，从长期的角度来看，金融结构与产业结构有显著的相关关系。然而两者关系在一定程度上是符合工业领域技术方向理论文献的假定。然而，这也是和所谓的"金融服务观点"是一致的，"金融服务观点"强调的是即使是不考虑金融结构，一个良好发达的金融体系，对经济的增长也是具有重大的意义。此外，结果表明金融结构对一产业产值占国民生产总值的比重似乎没有起到重要作用。

7.2.5 金融约束的视角

董钢锋（2014）认为要素禀赋结构决定了中小企业是中国当前最优产业结构中的主要企业类型，基于新结构经济学最优金融结构理论视角，利用2006～2011年中小企业板上市公司数据和一阶差分GMM估计方法，系统考察了中小银行发展对于缓解中小企业融资约束的重要性，最后提出中国金融改革应该重点发展中小银行。

唐成伟（2015）与林毅夫（2013）的观点一致，他认为产业结构升级过程中，理论上存在一个与之相匹配的最优金融结构，通过对我国2001～2013年省际数据的经验分析，探究了以直接融资与银行间接融资比重衡量的金融结构对产业结构升级的影响。发现市场主导型金融结构更有利于地区层面第三产业的发展，而银行主导型金融结构则更能促进工业化进程。针对不同产业结构调整路径来构建有针对性的金融支持体系，是地区金融政策安排的主要思路。

任晓怡（2015）认为金融发展能够促进中部地区产业的发展，其中金融发展对第二产业的促进力度更大。因此，必须培育多层次的资本市场，充分发挥信贷配给对产业发展的影响，促进中部地区产业结构的转型升级。陈时兴（2011）采用 1982～2010 年中国信贷融资、证券融资和产业结构升级的研究样本，对金融支持产业结构升级进行了计量研究。结果表明，中国信贷融资、证券融资与产业结构升级之间存在短期波动和长期均衡关系，信贷融资与证券融资都是产业结构升级的 Granger 原因，应充分发挥两者共同促进产业结构优化升级的积极作用。

金发奇、钟蕾（2013）利用 1992～2011 年相关省份的面板数据对股票市场融资影响东、中、西部地区产业结构升级进行实证研究，结果表明股票市场融资促进了我国产业结构的升级，并且这种促进作用呈现区域化差异，这种促进作用在中、西部地区更大；Songhua Li（2016）基于河南省 1994～2013 年数据，实证分析了地区融资结构对经济增长的影响，结果显示：河南省金融结构的转型对经济增长产生负面影响，但方差分解表明，负面影响是非常有限的。

纵观国内外既有的研究成果，都认为金融在经济的发展过程中起着非常重要的作用，无论从何种视角研究融资结构与产业结构之间互动关系，大致可以归纳为六大观点：银行主导轮、市场主导论、金融法权论、金融服务论、金融约束论、产业决定论。银行主导论与市场主导论站在相对的位置，围绕着谁更利于促进经济增长展开争论。而金融法权论、金融服务论、金融约束论分别认为完善的法律制度、良好的金融环境、有差别的金融政策经济影响程度不同；产业决定论则论述了地区资源禀赋与最有金融结构之间的关系。

无论是理论还是实证研究方法，对金融结构与产业结构开展得比较多，但这些在指标数据体系的选取或论证时，常具有单一性，比如用金融相关率和金融市场化率作为金融结构指标，第二产业和第三产业产值在 GDP 中所占比重为产业结构指标等；而实际上，金融结构对产业结构的影响中，金融结构进一步还可以细化为金融资产结构、金融市场结构等，产业结构发展指标的选取也具有多样化性。在以后的研究中，应注重区域研究、指标设计的完善性；同时应综合上述六大观点来解释不同经济不同区域经济发展和产业发展。

7.3 产业结构变迁与融资结构相互作用机理分析

7.3.1 产业结构与金融结构相互作用机制

假设将经济领域划分为实体经济部门与金融部门两部分，当经济发展均衡时，实体经济部门与金融部门的资本配置将会最优，经济实现最优增长。假定经济分为两大部门：第一大部门（A 部门）代表产业结构升级中的传统产业部门，第二大部门（B 部门）代表产业结构升级中需求日益增加的新兴部门。其中，第一大部门（A 部门）可以划分为隶属于实体经济部门的传统产业部门（K_{1a} 代表该部门的资本存量）和为传统产业部门提供服务的传统金融服务部门（K_{2a} 代表该部门的资本存量）；第二大部门（B 部门）可以划分为隶属于实体经济部门的新兴产业部门（K_{1b} 代表该部门的资本存量）和为新兴产业部门提供服务的新型金融服务部门（K_{2b} 代表该部门的资本存量）。当经济均衡发展时，第一大部门（A 部门）的传统产业部门与传统金融服务部门的资本存量达到最优配置 K_a^*，第二大部门（B 部门）的新兴产业部门与新型金融服务部门的资本存量达到最优配置 K_b^*，其中 $K_a^* = K_{2a}/K_{1a}$，$K_b^* = K_{2b}/K_{1b}$。可以构造产出函数 $Y = F(K_a, K_b)$ 其中，$K_a + K_b = K$，$K_{1a} + K_{2a} = K_a$，$K_{1b} + K_{2b} = K_b$。

若实体经济结构和金融结构不变，第一大部门（A 部门）与第二大部门（B 部门）处于稳定增长时，整个经济将会处于稳定增长的状态。此时，第一大部门（A 部门）与第二大部门（B 部门）中的实体经济部门与金融经济部门的资本存量配置达到 K_a^*，K_b^*。

随着经济的发展，财富的增加，消费者的消费结构会不断升级，由此，导致实体经济部门的产品结构、产业结构必须不断升级，实体经济结构是不断改变的。同时，由于消费结构的提升，高质量、高档次的产品生产过程更为迂回和复杂，因此，生产必然需要加大对人力资本、技术开发等的投资，结构升级的产品部门即新兴部门中的实体经济部门投资会增加，且需要新兴部门中的金融部门提供更大规模、更复杂的金融服务，与之相适应，传统部门的实体经济部门投资必然在需求减小下会减小，服务于传统实体经济部门的金融部门的投资也会减少，即 K_{1a} 和 K_{2a} 会不断减小，K_{1b} 和 K_{2b} 会不断增加，则在结构升级过程中，K_a 的投资趋于减小，K_b 的投资会趋于增加。

休·帕特里克（Hugh Patrick）认为如果现代金融机构的创立，他们的金融资产和负债以及相关的金融服务是对实际经济中的投资者和储蓄者的需求作出反应，这种现象称为需求带动。这表明经济增长带动了金融发展，金融在经济增长过程中被动的相对滞后。如果金融机构的创立，它的金融资产和负债以及有关的金融服务是在经济增长对他们产生需求之前主动供给的，那么就是供给引导。供给引导有两项职能：一是将资源从传统的、非增长部门转移到现代部门；二是在现代部门中促进和刺激一种企业精神反应，使企业家开阔视野，打开思路。供给引导在经济增长开端尤为重要。因此，根据休·帕特里克的"需求追随"或"供给领先"理论，实体经济结构提升，金融结构必然转变，实体经济规模的扩大，必然要求金融部门提供更大规模、更多品种、更为复杂的金融服务。根据这一理论,我们可以认为,为同等数量的实体经济资本存量提供的金融服务,决定经济结构提升的部门 B 比部门 A 需要更多的金融服务,也即部门 B 的合意比例 K_b^* 大于部门 A 的合意比例 K_a^*。

由于研究结构转变问题的前提是总量不变,即实体经济部门和金融部门所提供的产品和服务品种不变,只是每种产品或服务的相对规模发生了变化,因此,结构转变过程中,部门 A 和部门 B 的合意比例是不变的,则存在下式:

$$(K_{2a} - \Delta K_{2a})/(K_{1a} - \Delta K_{1a}) = K_a^*, \quad (K_{2b} + \Delta K_{2b})/(K_{1b} + \Delta K_{1b}) = K_b^*$$

由于经济发展总的预算约束在一定时期内是一定的,则结构转变过程中,部门 B 的新增投资不能无限制增加,此时,在消费需求对实体经济结构的导向作用下,在新兴实体经济部门对新兴金融部门提供金融服务的导向作用下,实体经济部门产业结构转变时期,社会可用资源会从传统部门 A 流出,流向新兴部门 B,可得:

$$\Delta K_a = \Delta K_{1a} + \Delta K_{2a} = \Delta K_{1b} + \Delta K_{2b}$$

推导可得

$$\Delta K_{1b}/\Delta K_{1a} = (1 + K_a^*)/(1 + K_b^*)$$

从而可得:

$$\Delta K_{1b} < \Delta K_{1a}, \quad \Delta K_{2b} > \Delta K_{2a}, \quad \Delta K_{1a} - \Delta K_{1b} = \Delta K_{2b} - \Delta K_{2a}$$

实体经济部门产业结构升级将带动金融结构发生相应的转变,通过社会资源的流动表现出来,即实体经济部门产业结构升级使资源从传统部门 A 部门流出,流入新兴部门 B 部门,且内部结构变化表现为从传统实体经济部门流出的资源 ΔK_{1a} 大于流入新兴实体经济部门的资源 ΔK_{1b},多出的部分流入了新兴金融部门,从而导致流入新兴金融部门的资源 ΔK_{2b} 大于从传统金融部门流出的资源 ΔK_{2a},说明新兴部门中结构提升后等量的实体资本存量需要的金融服务高于结构提升前需要的金融服务。

7.3.2   金融结构转变与实体经济部门产业结构升级对经济增长的影响

根据前述分析,在结构转变进程中,新兴部门生产同样产品需要的过程更加复杂,生产同样产品需要的投资更多,则新兴部门投资率 i_b 会增加,传统部门投资率 i_a 会降低,必然有 $i_b > i_a$。同时,在结构转变进程中,由于传统 A 的资本存量流出,流入到新兴部门 B 中,则会出现传统部门 A 投资等量减少,新兴部门 B 投资等量增加。若令 ΔI_a 表示在结构转变过程中传统部门 A 减少的投资,令 ΔI_b 表示在结构转变过程中新兴部门 B 增加的投资,则存在如下关系式:

$$|\Delta I_a| = |\Delta I_b| = \Delta k$$

由于新兴产业一般是主导产业,更有可能发展为支柱产业,因此,这些部门投资的增加会带来比传统部门更大比例的产值增加。即有 $\Delta Y_b > \Delta Y_a$，经济的发展其中之一表现为总的社会产出会增加，即 $\Delta Y_b > \Delta Y_a > 0$，使经济总产出呈现出一个加速增长的过程。

7.4 实证分析

7.4.1 指标设置及数据选取

我国金融市场正在稳步发展，综合我国金融发展的实际情况，在选择指标数据的时间跨度为 1990~2014 年的年度数据①。关于金融结构发展与产业结构升级的指标中，其中金融结构指标我们主要是选取金融资产结构指标，由金融资产内部结构指标（IFI）、金融资产外部结构指标（OFI）、金融资产市场结构指标（MFI）以及金融资产效率结构指标（EFI）构成。金融资产内部结构指标用货币性金融资产占金融资产总量的比重来表示，证券类金融资产占金融资产总量的比重以及保险类金融资产占金融资产总量的比重。金融中介的存款与贷款之比表现金融机构的竞争程度与金融资源配置效率。基于数据的可得性，货币发行权属于国家，由中央统一调控。国家根据国民经济发展的需要，核准年度人民币最高发行限额，基于数据的可得性，所以货币性金融资产用我国各个省份的金融机构存贷款来替代。其中证券类资产用股票融资额来替代，保险类金融资产用保费收入替代，金融资产总额表示为金融机构存贷款、股票融资额以及保费收入之和。

产业结构升级指标中，主要包括产业升级的内生推动力（ini），主要是第三产业产值与 GDP 的比值，反映产业推动自身结构升级的内在动力大小；产业结构升级持续演进力（inl）是用高新技术产业产值比重来表示，反映产业结构升级的可持续能力高低；产业结构全球承载力（ing）用外贸依存度（进出口总额）来表示，反映区域产业结构升级适应经济全球化需求的能力状况；产业结构升级生态适应力（ine）用森林覆盖率表示，反映区域产业结构升级满足生态环境需求的能力状况、产业结构合理化（inr）用第三产业增加值/第二产业增加值来表示，反映产业结构由低形态到高形态的转变。

其他控制变量主要选取了各个省份的固定资产投资（k），人口（peo），以及财政支出占财政收入比重（cz），单位 gdp 能耗（ec），教育投入（ed），以及人均地区生产总值（pgdp），其中一个地区的人口总量和资本投入对产业升级提

---

① 其中数据主要来源于《中国统计年鉴》《中国金融年鉴》《新中国 60 年统计资料汇编》以及各个省份的统计年鉴，中国经济与社会发展统计数据库。

供丰富的劳动力和资金支持,对产业升级调整有着重要作用,在实证分析当中,我们分别对人口总量和资本取对数,人口取对数后的变量为lpeo,资本取对数后的变量名称为lk。一个地区的产业结构升级与人均产出也存在相关关系,同时在实证分析当中,对人均产出同样也取对数形式。实证变量说明及数据来源如表7-1所示。

表 7-1 实证变量说明以及数据来源

指标名称	指标构成	指标含义	数据来源
金融资产内部结构(IFI)	金融资产存贷款/金融资产总量	衡量金融中介发展规模	中国经济与社会发展统计数据库《中国金融年鉴》
金融资产外部结构(OFI)	金融资产存贷款/GDP	衡量经济货币化程度金融化程度	
金融资产市场结构(MFI)	股票融资额+保费收入/金融资产总额	反映金融资产市场化程度	
金融资产效率(EFI)	年末贷款总额/年末存款总额	反映金融资产使用效率	
产业结构升级内生推动力(INI)	第三产业产值/GDP	反映产业推动自身结构升级的内在动力大小	中国经济与社会发展统计数据库、《中国工业统计年鉴》
产业结构升级持续演化力(INL)	高新技术产业产值比重	反映产业结构升级的可持续能力高低	
产业结构升级全球承载力(IING)	外贸依存度(进出口总额)	反映区域产业结构升级适应经济全球化需求的能力状况	
产业结构升级生态适应力(INE)	森林覆盖率	反映区域产业结构升级满足生态环境需求的能力状况	
产业结构合理化(Inr)	第三产业增加值/第二产业增加值	反映产业结构由低形态到高形态的转变	
投资(k)	固定资产投资	反映资本要素投入	
教育投入(ed)	教育投入占GDP比重(ed)	反映教育发展水平	中国经济与社会发展统计数据库
政府财政结构(cz)	政府财政支出占财政收入比重	反映政府对经济发展的控制力	
能耗(ec)	单位GDP需要多少能耗	反映经济发展中资源利用水平	

资料来源:作者整理。

　　为了更好地反映我国金融结构发展与产业结构升级之间的相互关系，在样本的选择方面以及数据的可得性方面考虑，选取了我国 31 个省市作为样本，其中东部包括北京、天津、河北、辽宁、上海、江苏、浙江、福建、山东、广东、海南等 11 省市；中部包括山西、吉林、黑龙江、安徽、江西、河南、湖北、湖南等 8 个省份；西部包括四川、重庆、贵州、云南、西藏、甘肃、青海、宁夏、新疆、广西、内蒙古、陕西等 12 个省份，其中重庆市的数据从四川省数据中提取出来。表 7 - 2 分别为各变量的统计性描述。

表 7 - 2　　　　　　　　　　　数据统计性描述

变量名称	最大值	最小值	标准差	均值
ini	77.94	8.63	8.51	38.34
inl	48.80	0.09	10.44	8.98
ling	3.17	9.29	2.146	3.983
ine	65.95	0.43	17.88	29.62
inr	365.84	29.37	44.12	94.38
ofi	225.96	28.31	30.12	100.25
mfi	20.88	1.182	2.27	2.94
ifi	100	82.73	2.05	97.17
efi	201.07	23.27	26.73	86.61
ed	14.79	3.201	1.65	4.71
ec	10.97	0.17	1.77	2.23
cz	224.64	1.4	26.46	59.22
lpeo	9.28	5.40	0.89	8.01
lpgdp	11.56	7.11	0.97	9.40
lk	2.02	10.65	1.650	7.13

　　注：ling 表示对产业结构升级持续演进力（ing）取对数。
　　资料来源：作者计算。

7.4.2　散点图分析

　　散点图是计量分析的基础，为了对金融发展程度与经济波动有一个直观的认识，本节的分析从描绘散点图做起。图中纵坐标为产业结构升级内生推动力，即第三产业占总产业中的比值。横坐标的变量表示为金融结构发展指标以及其他控制变量，主要包括金融资产内部结构（IFI）、金融资产外部结构（OFI）、金融资产市场结构（MFI）以及金融资产效率结构（EFI）、人均产出以及财政支出占财政收入的比重。从图 7 - 1 ~ 图 7 - 6 中，我们分别可以看到金融效率与产业结构内生力推动力，金融资产内部结构与产业结构内生推动力呈现出负相关关系，金融资产市场结构与产业结构内生力、金融资产外部结构与产业结构内生力、人均GDP 对数与产业结构内生力、财政支出/财政收入与产业结构内生力呈现出正相关关系。从金融效率方面来看，我国金融融资主要是间接融资，其中主要为银行信贷融资，我国一直以来采用的金融抑制政策，在银行资金融资效率方面处于较低的水平，我国产业结构升级方面产生负向的影响关系。从金融资产内部结构方面来看，我国融资方式主要是直接融资和间接融资，其中间接融资占金融资产总量比重较大，我国依然缺乏完善的金融资本市场，以银行为主导的金融市场结构对我国现阶段的经济增长起到负向关系。从金融市场结构方面来看，我国的金融市场结构在不断地完善，较高市场结构发展能对我国产业结构升级起到积极的推动作用。人均产出也对产业结构升级产生积极的推动作用，政府的财政结构对产业升级也起到积极的正向影响，政府的财政支出与财政收入对经济中的产业结构起到引导作用。虽然我们通过散点图，可以直观地得到相关关系，但是，仅仅依据散点图的观察，得出这一结论并不严谨，有待进一步验证，本节在以下部分中建立了计量经济模型，在控制其他变量的影响下，验证金融结构发展和产业结构升级之间的关系。

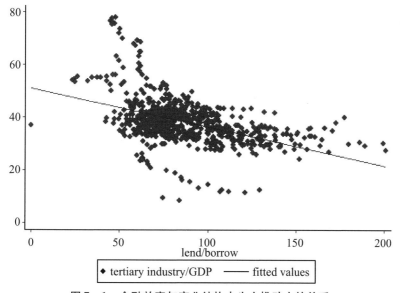

图 7 - 1   金融效率与产业结构内生力推动力的关系

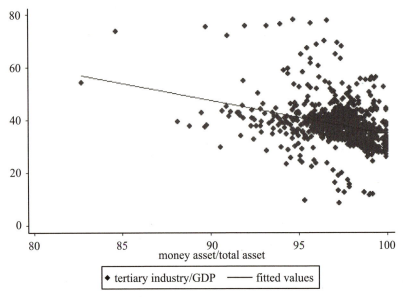

图7－2　金融资产内部结构与产业结构内生推动力的关系

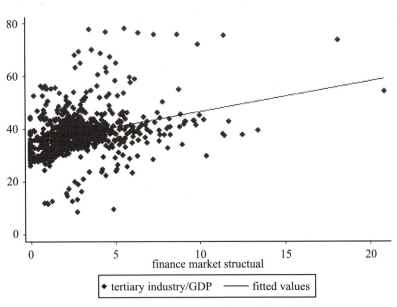

图7－3　金融资产市场结构与产业结构内生力的关系

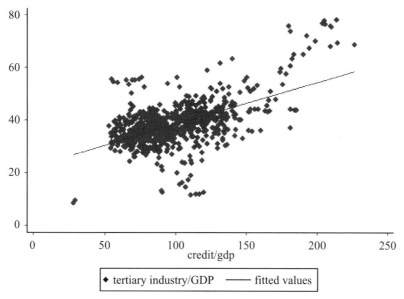

图 7 - 4　金融资产外部结构与产业结构内生力的关系

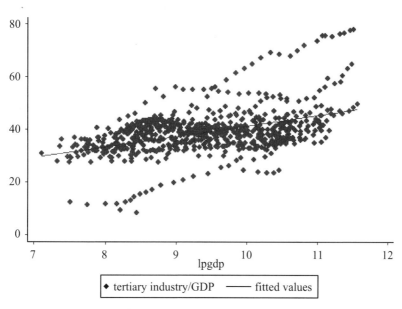

图 7 - 5　人均 GDP 对数与产业结构内生力的关系

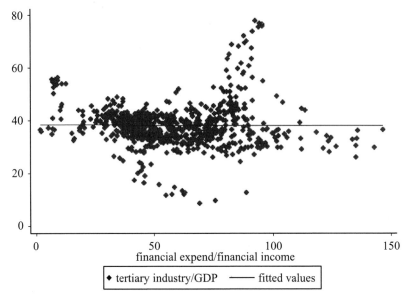

图 7 - 6　财政支出/财政收入与产业结构内生力的关系

资料来源：作者绘制。

7.4.3　模型设定

在设定计量模型当中，考虑到研究省级间的金融结构与产业结构升级之间的关系，我们采用"个体效应模型"，即假定个体的回归方程拥有相同的斜率，但是可以有不同的截距项，以此来捕捉异质性。

$$INDUSTRY_{iht} = \beta_k FINSTRUCT_{iht} + \sum_k \delta_k CONTROLVARIABLES_{iht} + u_h + \varepsilon_{ht}$$

其中，INDUSTRY 表示为被解释变量产业结构指标，其中产业结构指标主要是产业结构升级内生推动力（ini）、产业结构升级持续演进力（inl）、产业结构全球承载力（ing）、产业结构升级生态适应力（ine）、产业结构合理化（inr），解释变量 FINSTRUCT 表示为金融结构指标，主要是金融资产内部结构指标（IFI）、金融资产外部结构指标（OFI）、金融资产市场结构指标（MFI）以及金融资产效率结构指标（EFI），控制变量 CONTROLVARIABLE 是影响产业结构升级的因素，如固定资产投资（k），人口（peo），以及财政支出占财政收入比重（cz），单位 GDP 能耗（ec），教育投入（ed），以及人均地区生产总值（pgdp），i 表示为第 i 个产业结构指标，h 表示为面板数据中的个体，t 表示为时间，其中扰动项为（$u_h + \varepsilon_{ht}$）两部分组成，称为"复合扰动项"，其中不可观测的随机变量 u_h 是代表个体异质性的截项，ε_{ht} 表示为随个体与时间而改变的扰动项，如果

u_h 与某个解释变量相关，我们称之为"固定效应模型"，如果 u_h 与所有的解释变量均不相关，我们称之为"随机效应模型"，关于具体选取哪个模型较为合理，主要是通过 Huasman 检验来确定。

7.5　实证分析结果

7.5.1　单位根检验

在进行面板数据估计前，为避免出现虚假回归，需要先对面板数据序列进行单位根检验，以检验变量的平稳性。近年来，关于进行面板数据的单位根检验的方法很多，其中有适用空间上独立的同质的面板数据 LLC 检验，适应在空间上独立的异质面板数据的 Fisher 型组合的 P 值检验统计量的 TPS 检验，SUR—DF 检验和 SN 检验的组合 P 值检验适用于同期相关面板和空间相关面板数据。由于本节的数据是非平衡面板数据，则选择适合非平衡面板数据的 Fisher 面板单位根检验，表 7 – 3 展示了面板序列的单位根检验结果。根据表 7 – 3 结果表明，在 Fisher 面板单位根检验下，所有面板数据序列都通过平稳性检验，不存在单位根，在进行面板数据回归的时候，可以使用原序列数据进行回归分析。

表 7 – 3　　　　　　　　　　　原始数据序列单位根检验结果

	变量名称	Chi^2 值	P 值	结果
被解释变量	ini	169.971***	0.000	平稳
	inl	144.83***	0.000	平稳
	ling	164.18***	0.000	平稳
	ine	132.85***	0.000	平稳
	inr	178.26***	0.000	平稳
解释变量	ifi	218.72***	0.000	平稳
	ofi	157.82***	0.000	平稳
	mfi	217.47***	0.000	平稳
	efi	230.33***	0.000	平稳

续表

	变量名称	Chi^2 值	P 值	结果
控制变量	lpgdp	126.19 ***	0.000	平稳
	ec	267.35 ***	0.000	平稳
	cz	227.16 ***	0.000	平稳
	lpeo	103.95 ***	0.000	平稳
	lk	188.48 ***	0.000	平稳
	ed	133.13 ***	0.000	平稳

注：*、**、***分别表示系数统计值在10%、5%、1%的置信水平上通过显著性检验。
资料来源：作者计算。

7.5.2 回归结果

对于面板数据回归，选择混合回归，固定效应和随机效应回归，同时采用Hausman检验来选定模型是选择固定效应还是随机效应模型。选定混合回归作为参考系，与固定效应或者是随机效应进行比较，在进行面板回归之前，我们对面板回归做Hausman回归，以来确定选择的模型，通过Hausman检验，得出来的结果表明，在面板回归时应该选择固定效应模型。表7-4表示为固定效应模型与混合回归的比较数据。

表7-4　　　　　　　　金融结构发展与产业结构升级的回归结果

名称		(1)	(2)	(3)	(4)	(5)	(6)	(7)
		me	me	me	me	me	fe	fe
因变量		ini	inl	ling	ine	inr	ini	inl
自变量	ifi	−0.292 (−1.27)	0.329 * (1.90)	−5.16 *** (−3.01)	1.12 *** (2.62)	−2.35 ** (−2.23)	−0.21 *** (−2.65)	−0.56 *** (−4.65)
	mfi	0.26 *** (2.37)	−0.29 ** (−2.14)	0.18 *** (5.86)	−0.98 ** (−2.18)	2.26 *** (3.56)	0.19 *** (2.68)	0.49 *** (4.58)
	ofi	0.08 *** (2.48)	0.048 *** (2.84)	0.002 (1.05)	−0.02 (−0.70)	0.64 *** (5.75)	0.11 *** (11.47)	0.04 *** (2.80)
	efi	−0.121 *** (−2.87)	−0.059 *** (−2.36)	0.009 * (1.75)	0.19 ** (2.43)	−0.67 *** (−5.01)	−0.07 *** (−4.66)	−0.01 (−0.65)

续表

	名称	(1)	(2)	(3)	(4)	(5)	(6)	(7)
		me	me	me	me	me	fe	fe
因变量		ini	inl	ling	ine	inr	ini	inl
控制变量	lpgdp	7.63*** (2.62)	10.76*** (4.64)	1.93*** (5.84)		11.09 (1.19)	1.74* (1.69)	15.6*** (8.49)
	ec			-0.30*** (-3.86)	-8.68*** (-6.45)	-11.0*** (-6.00)	-1.38*** (-3.13)	3.70*** (5.58)
	cz	0.130*** (3.90)	0.264*** (8.96)		0.12 (1.46)	0.40*** (3.43)	-0.013 (-0.62)	0.09*** (2.78)
	lpeo	2.04 (1.88)	4.84*** (2.69)	0.69*** (2.66)	7.28*** (4.79)	8.34 (1.19)		
	lk	-5.86*** (-3.02)	-5.52*** (-3.26)	-0.40* (-1.86)		-26.17*** (-3.98)	-1.99*** (-2.93)	-7.76*** (-6.39)
	ed	1.414*** (4.15)	0.665*** (2.63)	-0.19*** (-3.53)	2.44*** (3.36)	3.12 (1.53)	-0.116 (-0.56)	0.61* (1.91)
	常数项	11.14 (0.40)	-139*** (-4.37)	498.6*** (2.89)	-153*** (-3.61)	313.8*** (2.22)	57.71*** (6.04)	-42.0*** (-2.80)
R^2		0.675	0.601	0.627	0.28	0.602	0.60	0.32
观测值		525	491	466	306	467	467	443
省份数		31	31	31	31	31	31	31
F 值		91.08	45.66	176.83	22.43	42.71	30.68	41.40

	名称	(8)	(9)	(10)	(11)	(12)	(13)	(14)	(15)
		fe	fe	fe	re	fe	re	re	fe
因变量		ling	ine	inr	ini	inl	ling	ine	inr
自变量	ifi	-0.11*** (-4.21)	0.187 (1.65)	-1.1*** (-2.60)	-0.31*** (-4.13)	-0.38*** (-3.54)	-0.09*** (-4.00)	0.17 (1.50)	-1.74*** (-3.69)
	mfi	0.09*** 3.98	-0.16 (-1.6)	0.84** (2.35)	0.25*** (3.65)	0.33*** (3.47)	0.08*** (3.54)	-0.13 (-1.2)	1.23*** (3.03)
	fi	-0.002 (-0.74)	0.058** (2.14)	0.723*** (14.91)	0.15*** (23.19)	0.079*** (6.69)	0.02*** (11.63)	0.11*** (3.91)	0.49*** (12.20)
	efi	0.006 (1.16)	0.005 (0.11)	-0.41*** (-4.96)	-0.11*** (-16.51)	-0.06*** (-4.23)	-0.04*** (-18.65)	-0.13*** (-2.77)	0.04 (0.93)

续表

名称	(8)	(9)	(10)	(11)	(12)	(13)	(14)	(15)
	fe	fe	fe	re	fe	re	re	fe
因变量	ling	ine	inr	ini	inl	ling	ine	inr
控制变量 lpgdp	2.28 *** (6.88)		8.35 * (1.73)					
ec	0.435 *** (3.16)	-2.63 * (-1.80)	-12.0 *** (-5.50)					
cz	-0.004 (-0.68)	0.065 * (1.76)	0.095 (0.92)					
lpeo	2.28 *** (6.88)	0.83 (0.17)	14.2 *** (2.68)					
lk	-0.38 * (-1.79)		-18.0 *** (-5.57)					
ed	-0.08 (-1.29)	0.204 (0.29)	-6.73 *** (-6.21)					
常数项	-20.81 *** (-3.71)	-2.157 (-0.05)	144.5 (2.11)	63.76 *** (8.61)	42.8 *** (4.16)	14.11 *** (6.24)	10.32 (0.82)	211 *** (4.70)
R^2	0.403	0.15	0.45	0.54	0.16	0.205	0.2	0.152
观测值	467	306	467	772	522	772	424	772
省份数	31	31	31	31	31	31	31	31
F 值	81.49	6.76	406.64	990.61	27.15	715.53	15.84	60.43

注：*、**、*** 分别表示系数统计值在 10%、5%、1% 的置信水平上通过显著性检验。me 表示为混合回归，fe 表示为固定效应回归，re 表示为随机效应回归。
资料来源：作者计算。

　　根据表 7 -4 金融结构发展与产业结构升级的回归结果分析得出，我国金融结构发展对我国产业结构升级有较好的显著性，主要的解释变量和控制变量对产业结构升级的预测均较稳健，表明计量模型较稳健，其中，经过计量验证金融结构发展核心指标单独对产业结构产生影响的分析当中，我们分别对各个产业结构升级指标做了固定效应回归以及随机效应回归分析，分析结果表明：金融结构中的资产内部结构对产业结构升级起到负向作用，与描绘出来的散点图分析结果相一致。金融结构中的资本外部结构对产业升级产生正向的推动作用，金融结构中的市场效率指标对产业结构升级产生了负向的影响效果。

在加入控制变量分析当中，我们运用固定效应模型与混合回归模型进行对比分析，分析得出，金融资产的内部结构对产业升级中产业内生推动力，产业结构升级持续演化力，产业结构升级全球承载力以及产业结构合理性指标的影响产生负相关关系。

从金融结构对产业结构内生推动力来看，金融内部结构发展对产业结构产生负向影响，金融内部结构比例上升1%，产业结构内生推动力下降0.21%。金融结构外部结构对产业结构内生推动力升级有着正向的积极作用，金融发展外部结构比例上升1%，则产业结构内生推动力升级0.11%，经济金融化程度越高，对我国产业结构内生推动力的促进作用越大。由于我国经济发展水平在各个省（市、区）中各有差异，从总体上来看，经济金融化水平越高，对经济增长和产业结构调整的推动作用也越大。金融市场结构效率对产业结构升级的内生推动力的影响呈现负向作用，但是影响的效果较弱，影响系数仅仅只有0.07。我国存款和贷款之间的比值作为效率指标的衡量标准，反映出我国资金使用效率较低，我国大部分地区的贷款小于存款，存款的使用受到一定的抑制，造成巨大的资金浪费，对我国产业结构升级产生了抑制性作用。在其他控制变量分析中，提高人均产出与降低我国单位产出中的能源消耗以及合理的财政结构对我国产业结构内生推动力的升级产生积极效果，提高教育水平，为我国产业升级提供了人才科技支持，为产业结构升级转型创造了良好环境。

从产业结构升级的持续演化率来看，金融资产内部结构对产业结构升级持续演化率来看存在抑制作用，高新技术产业产值占总产值的比重来反映我国产业升级持续演化率，在我国高新技术产业中，主要分布是一些高风险，高技术的产业，需要大量资金支持，同时也是属于高成长型的企业。根据林毅夫等人提出最优金融结构理论分析得出，银行和市场在不同的经济发展阶段对产业结构及其发展产生不同的效果，在产业的技术和产品相对较为成熟阶段，风险相对较低，回报较为稳健，银行为产业提供资金融通成为主要的有效方式。然而当产业处于创新和研发阶段，存在着较高的技术风险和市场风险，金融市场为高新技术提供融资条件就变得尤为重要。我国现阶段的融资仍然以间接融资为主，银行贷款为主导，我国高新技术产业的融资则主要是以市场融资为主，现阶段的我国金融资产内部结构对我国产业结构升级的持续演化率产生了一定的抑制作用，金融资本外部结构对我国产业结构升级持续演化率产生积极的促进作用，金融发展水平对产业融资提供了重要融资渠道，但是与金融资产效率指标一样，对产业结构内生推动力的作用相对较小，影响系数分别为0.04和0.01。因此我国仍然要不断地完善我国的金融结构，发展多层次的资本市场以及提高我国金融资源的利用效率。

从产业结构升级全球承载力方面来看，金融资产内部结构发展与金融资产效率指标来看，对产业结构升级全球承载力产生了负的影响，金融资产外部结构对产业结构升级全球承载力起到积极的促进作用，但是从显著性水平来看，这些核心指标当中，产业结构升级全球承载力的影响相对较小，影响的系数分别为0.11、0.006以及0.002。在其他控制变量当中，较高的人均产出以及劳动力投入对产业结构升级全球承载力都有着积极的促进作用，主要是人均产出的增长对国民经济增长有着推动作用，对外部门的需求响应也会有所增长。

从产业结构生态适应力方面来看，金融资产内部结构升级，金融资产外部结构升级以及金融资产效率提高都对产业结构升级生态适应力的发展产生积极的促进作用，提高我国能源使用效率，对生态适应力的提高有着重要的推动作用，加强我国政府财政的积极作用，以及教育的投入，对产业结构升级生态适应力都有良好的影响效果。

从产业结构升级的合理性方面来看，金融资产外部结构对产业结构升级的合理性产生正的影响效果，金融化程度提高对我国产业结构合理性的升级有着较好地推动作用，金融化程度加深，反映出我国金融体系为企业融资提供了良好的渠道，通过金融中介和金融市场两方面。金融资产内部结构与金融资产效率对产业结构升级的合理性产生了负向的影响关系，则主要表现在我国现阶段的产业结构升级中由原来的第一、第二产业转向第三产业的发展，第三产业具有高风险、高技术性的特质，所以需要金融市场来为企业提供融资渠道，金融市场具有风险分散、减轻银行等金融中介的金融约束，然而我国依然是以银行为主导的金融结构体系，银行仍然是我国主要的融资渠道，对于第三产业，特别是具有高风险特质的新兴产业来说，则需要金融市场提供融资服务，所以金融中介以及以金融中介中的较低的融资效率对我国产业的合理性升级产生了抑制效应。

在其他控制变量分析中，能源消耗降低、增加人均产出以及合理的财政支出与收入结构对我国产业升级结构的合理性起到积极的促进作用。

7.6 结　论

本章通过对经济部门分为实体经济部门和金融服务部门两部门之间相互作用机制研究分析，认为实体经济部门中的产业结构转变将对金融结构的发展产生影响，主要通过社会稀缺资源的流动得以体现，也意味着实体经济部门中的产业结构由低层次向高层次的转变会使得资源从传统部门中流向具有高技术、高品质的新兴部门中，其中内部结构的变化表现为从实体经济部门中流动出来的资源要大于新兴经济部门中所获得的资源，而两者之间相对差额部分则流入到新兴的金融部门，从而导致新兴的金融部门所获得的资源要大于传统金融部门，进而导致金融部门的结构变化。由于新兴经济部门中的金融部门得到的资源比传统部门要高，而新兴部门中的金融部门主要是为新兴经济部门服务，所以金融部门的转变对产业结构的调整同样也产生推动作用。

同时，本章基于我国 31 省市的金融资产结构和产业结构升级的面板数据，使用固定效应模型、混合回归模型以及随机效应模型来分别对金融资产结构与产业结构之间的关系研究，通过运用金融资产结构中的多个结构性指标全面地分析了金融结构对产业结构的影响，同时，单一的产业结构指标并不能较好地反映产业结构状况，所有通过使用对产业结构升级指标体系分析，进而通过金融结构对产业结构面板分析得出结果：

从金融结构对产业结构升级方面来看，金融结构中各项指标对产业结构的生态适应力都产生了积极的效果，金融结构调整在保护环境发展中起到了积极的促进作用，金融发展一定要有绿色发展观念，积极发展我国的绿色金融产业，对我国的经济转型以及产业结构升级也起着重要的影响意义。我国金融资产内部结构、金融结构效率来对产业结构升级的内生推动力、产业结构升级持续演化率、产业结构升级合理性以及全球承载力起到负相关的作用，然而金融资产外部结构与金融资产市场结构对产业结构升级中的这五个指标均产生了正向的作用，在我国第三产业的发展中，尤其是新兴的产业，这些产业中的企业更多的是具有高技术创新风险、较高产品创新风险以及企业家风险，所以需要能够为一国的金融结构需要与其最优的产业结构相适应，则需要能够为大企业提供短期大规模融资服务的大银行，和能够有效分散技术创新风险和产品创新风险的股票市场以及债券市场。如果一国的金融结构与其最优产业结构相适应，则会促进具有比较优势的产业和具有自生能力的企业成长，创造更多的经济剩余，推动资本积累，从而有利于要素禀赋结构、产业结构的提升和经济发展，所以需要不断地提高我国银行等金融中介的融资效率以及发展多层次的资本市场，为我国产业结构升级提供良好的融资环境。

在其他控制变量中，我们分析得出，增加我国人均产出，提高我国能源使用效率，发挥我国政府财政的导向作用，以及加强教育的投入，对产业结构各个方面的升级都有良好的效果。

本章参考文献

［1］任晓怡. 中部地区金融发展与产业发展互动关系的实证研究——基于空间计量经济学的分析方法［J］. 金融与经济，2015（5）：18 - 23.

［2］陈时兴. 中国产业结构升级与金融发展关系的实证研究［J］. 中国软科学，2011

（S2）：72 - 78.

［3］范方志，张立军. 中国地区金融结构转变与产业结构升级研究［J］. 金融研究，2003（11）：36 - 48.

［4］林毅夫，孙希芳，姜烨. 经济发展中的最优金融结构理论初探［J］. 经济研究，2009（8）：4 - 16.

［5］姚耀军，董钢锋. 中小银行发展与中小企业融资约束——新结构经济学最优金融结构理论视角下的经验研究［J］. 财经研究，2014，40（1）：105 - 115.

［6］唐成伟. 中国地区金融结构与产业结构升级——基于最优金融结构理论的经验研究［J］. 南京财经大学学报，2015（5）：50 - 56.

［7］龚强，张一林，林毅夫. 产业结构、风险特性与最优金融结构［J］. 经济研究. 2014（4）：4 - 16.

［8］Allen, F. and Gale, D. （2000）. Comparing Financial Systems, Cambridge, MA：MIT Press. Arestis, P., Demetriades, P. O. and Luintel, K. B. （2001）. "Financial developmentand economic growth：the role of stock markets", Journal of Money, Creditand Banking, 33, pp. 16 - 41.

［9］Allen, F. Stock markets and resource allocation. Capital Markets and Financial Intermediation. Cambridge University Press, 1993.

［10］Angelos A. Antzoulatos, Nicholas Apergis and Chris Tsoumas. financial structure and industry structure［J］. Bulletin of Economic Research, 2011, 63：2, 109 - 139.

［11］Beck, Kunt, Ross Levine and Maksimovic. Financial Structure and Economic Development：Firm, Industry, and Country Evidence［J］. World Bank Economic Review, 14, pp. 597 - 605.

［12］Binh K B, Park S Y, Shin B S. Financial structure and industrial growth：A direct evidence from OECD countries［J］. Retrieved on June, 2005, 23：2009.

［13］Bink, K, Sang Yong Park and Bo Sung Shin, 2005, "Financial structure and Industrial Growth：A dircet evidence from OECD countries". http：//www. kmfa. or. kr/paper/annual/2005/2 - 14. pdf.

［14］Carlin, W. and Mayer, C. （2003）. 'Finance, investment, and growth', Journal ofFinancial Economics, 69, pp. 191 - 226.

［15］Enrico Perotti. The Political Economy of Finance［J］. SSRN. 2013. 1 - 45.

［16］Rajan, Raghuram G. and Zingales, Luigi. "Financial Systems, Industrial Structure, and Growth, mimeo 1999.

［17］Songhua L I. An Empirical Study on the Effects of Regional Financial Structure's Transformation on Economic Growth：Based on the Data of Henan Province, China［J］. Canadian Social Science, 2016, 12（1）.

［18］Wurgler, J. （2000）. "Financial markets and the allocation of capital"［J］. Journal ofFinancial Economics, 58, pp. 187 - 214.

第8章

金融发展、收入不平等与贫困减缓：
来自四川连片特困地区的证据[*]

8.1 引　言

　　贫困，不仅是个体生存和发展面临的主要障碍，也是影响国家乃至整个人类社会持续稳定发展的重要因素。贫困现象在世界各地，尤其是不发达地区并不罕见，据世界银行数据，在每人1.9美元/天的贫困标准下，2015年全世界贫困人口约7.02亿人，占世界人口的9.47%。减缓贫困依然是发展的主要课题，世界各国学者对贫困问题从社会、经济、政治等多维度进行了理论研究，各国政府采取了一系列措施来减缓贫困，取得了巨大成就。就中国来说，按照人均纯收入2300元（2010年不变价）的标准，贫困人口从1978年的7.7亿人减少到2015年的5575万人，贫困发生率从80.04%降低到4.05%。可以看出，中国在减缓贫困方面取得了巨大的成就。但在新的形势下，要实现剩下5575万贫困人口到2020年如期脱贫，依然面临较大挑战，这种挑战来自三个方面：一是时间紧，我国"十三五"规划确立了到2020年消除现行贫困标准下的全面脱贫目标，即年均脱贫人口在1100万左右。二是任务重，尚未脱贫的人口地区分布、贫困深度发生了变化。剩下的贫困人口主要集中分布在我国西部地区及偏远山区，这里的贫困有集中连片、人多、程度深、贫困多维和代际传递等特征①。三是国内宏观经济增速放缓，在一定程度上导致了生产要素的边际收益下降，就业机会的减少和财政支持力度的降低。因此，对不同减贫渠道进行相关理论梳理和实证研究，分析清楚金融与减贫的关系，对于实现多渠道减缓贫困和"精准扶贫、精准脱贫"具有重要的理论和现实价值。

---

　　* 四川省金融学会2016年重点项目成果。作者：郑长德、钟磊。
　　① 郑长德：《中国少数民族地区包容性绿色发展研究》，中国经济出版社2016年版，第217页。

8.2 关于金融发展、不平等及贫困的一般理论

8.2.1 基本概念界定

金融发展。金融发展理论自金·史密斯（Goldsmith，1969）、麦肯农（McKinnon，1973）和肖（Shaw，1973）等创建以来，已经由第一代金融发展理论演进到第三代金融发展理论，理论体系逐步完善，但对于金融发展的定义理论界尚未有统一的界定，已有的文献中大致从其特征、实质、功能及时间过程等多维度来定义。金·史密斯（Goldsmith，1969）在《金融结构与金融发展》中界定金融发展为"随着时间过程的金融结构的变化，包括金融工具和金融机构的形式、性质及相对规模的变化"。从麦肯农（McKinnon，1973）和肖（Shaw，1973）对于金融发展的特征分析可以总结出，金融发展主要是金融机构、金融工具和资金资产的量的增加，麦肯农（McKinnon）还认为金融深化就是金融结构的动态调整与优化的过程，即金融发展质的表现是金融结构的优化。

因此，结合已有的研究贡献，本章以两个维度来定义金融发展：一是金融体系的规模扩张，包括金融机构、资产数量和金融产品种类的增加；二是金融体系结构的优化和资源配置效率的提高，整个市场更加有效率地运行和发展。

收入不平等。韦氏词典中将不平等界定为结果和机会的不公平，"不平等的概念是相对于绝对平均分配的平等而言的，即每个人得到相同的收入或者拥有相同的财富，虽然在实践中这种情况从未存在过，但这一概念提出了一个与各种实际分配进行比较的客观标准。另一方面，平等又是一个规范的概念：是否公正平等，要依个人对正确和错误的认识而定，即使是收入和财富更为均等的社会，也要对工作努力、受教育程度高、乐于储蓄和有能力的人给予额外的报酬，以使经济增长。因此，大多数公平的概念都允许收入分配上有一定程度的不均等"。可以看出，对于不平等的界定，均涉及不平等的内容评价，而其内容具有多样性和个体差异性，因此在对于不平等的测度，具体的就转化为选择不同"评价域"，如权利、收入、资源、能力等。世界银行（2006）将经济领域的不平等表现区分为两类：一是结果不平等，如收入、财富的分配；二是机会不平等，如参与经济活动的机会、受教育的机会，就业的机会等。机会不平等概念是由经济学家罗默等（Roemer et al.）在20世纪90年代最先引入到经济学领域，主要是指分配不平等是由于个体自身因素以外的原因引起的，如一个人所处环境，初始的资源禀赋、性别、种族等。而结果不平等是指由个体努力和勤奋程度的差异导致的不同分配结果。一般认为，相比于结果的不平等，机会不平等对于社会经济福利水平

和经济效率的影响更大。虽然可以将不平等区分为机会和结果的不平等，但是前者往往会对后者产生重要影响，根据罗默（Roemer，2006）对中国的地区收入差距计算，得到机会不平等的贡献率为35.6%。同时，鉴于计量的可操作性，本章将选择收入不平等作为衡量指标。

贫困。对于贫困从不同的角度描述有不同的内涵，汤森德（Townsend，1979）认为贫困是指人们无法得到基本的生活食品来维持基本生活的状态；阿玛蒂亚·森（1981）从生存能力缺失方面理解贫困，他认为所谓贫困是指为达到某种最低可接受的目标水平的基本能力的缺失；世界银行发展报告（2001）给出的对贫困的定义是，不仅是缺乏不能维持基本生存的能力，还包括教育的匮乏以及健康的低水平状态。

同时根据社会发展阶段，贫困可以分为绝对贫困和相对贫困；根据贫困的原因，可以分为制度贫困、普遍贫困、区域贫困、阶层贫困等。在本章中，对于贫困作一般的理解，即缺乏基本的物质生活资料，表现在于贫困地区人口的人均消费支出低于一般平均水平。

8.2.2 文献综述

从已有文献中，可以总结出，金融通过两种途径对不平等、贫困减缓产生影响：一是间接途径，即金融通过影响经济发展，从而作用于不平等和贫困减缓；二是直接途径，即金融直接作用于不平等和贫困减缓。

间接关系。金融发展对于不平等，贫困减缓的间接渠道，基本思想是，金融发展带动经济以较高速度增长，通过涓滴效应实现分享经济发展成果，减缓贫困（郑长德，2007；郑长德、伍艳，2011）。而经济发展、不平等和贫困减缓的关系研究，思想最早源于西蒙·库兹涅茨（Simon Kuznets，1955）提出的著名假说：经济增长与收入分配之间呈倒U型关系[①]。现在关于金融发展与经济增长的关系大致可以分为三种不同的观点：一是认为金融发展是促进经济增长的重要因素，金·史密斯（Goldsmith，1969）利用35个国家从1860~1963年的数据进行实证研究发现，经济增长与金融发展是呈正相关性，首次论证了金融结构对于一国经济发展的重要性；而金（King）和莱文（Levine，1993）从金融中介角度，利用MF提供的80个国家1960~1989年的数据，对金融中介与长期经济增长之间的关系进行了检验，其结论是，金融发展与经济增长、资本形成和经济效率之间具有强的正相关性。巴特勒和科尔纳贾（Butler and Cornaggia，2011）利用美国县

---

① Kuznets Simon. Economic Growth and Income Inequality [J]. *The American Economic Review*，Vol. 45，No. 1，1995，pp. 1 - 28.

际数据分析发现，金融促使增产率的提高而使得经济增长。二是经济的增长推动了金融部门的发展；三是两者之间互为因果关系，刘易斯（Lewis，1995）指出最初的经济增长将有助于金融市场的形成，而金融市场的成熟又会有助于经济增长，从而获得了金融发展与经济增长的双向因果关系。多拉尔和克雷（Dollar and Kraay，2000）研究认为，经济增长具有普惠性，即穷人也会受益，公共政策无法直接影响穷人的收入份额，反贫困政策重点在于经济增长。而凯克瓦尼和佩尼亚（Kakwani and Pernia，2000）研究却相反，虽然经济增长有利于贫困减缓，但不能解释贫困下降的大部分，经济增长并不会自发地有利于穷人，伴随经济增长过程的收入分配同时有着非常重要的作用。多拉尔和克雷（Dollar and Kraay，2000）从实证角度论证了经济增长与贫困减缓的关系，结果认为不管一个国家处于哪个阶段，经济增长与最穷的人的收入保持稳定关系，并未对穷人产生恶化效果。同时，金融发展通过技术改变和产业结构等间接渠道也能影响不平等——技术和产业结构的改变可以使得某个行业的从业人员获益而另外的行业从业人员受损。

直接关系。现有的文献从理论上说明了金融发展减缓贫困的直接作用，库兹涅茨（Kuznets，1955）认为由于金融系统的不完善，只有最富有的人才能进行借贷和积累，但是随着金融体系的完善，信贷可获得性增强，穷人也因此可以借贷，从而减少不平等，因此金融发展与不平等呈倒 U 形关系。格林伍德和约万诺维奇（Greenwood and Jovanovic，1990）提出的，小额贷款的高单位成本使得大部分穷人无法获得银行信贷。因此，我们就看到了这样的事实：经济的高速增长与贫困持续共同存在一个经济体中，且由于收入差距的拉大导致相对贫困现象的出现。因此，金融驱动的经济发展并未当然地使穷人受益，可能的解释是，金融的发展导致了收入分配不平等的增加，对于银行来说，提供贷款需要借款者有相应的担保物，而贫困家庭缺少必要担保物，因此被排除在正规金融以外。这就意味着，富人能提供充分的担保而获得银行信贷资源，享受更多的金融服务，通过"马太效应"加剧了这种富人与穷人之间的不平等。而 Jalilian H. and Kirkpatrick C.（2001）认为贫困群体通过进行储蓄、获得保险服务、信贷等途径投资于新技术、人力资本和健康，其资产收益得以提高。金融发展能改善贫困群体获得正规金融的机会。Holden 和 Prokopenko（2001）认为金融发展对于贫困减缓的直接作用依赖于穷人对金融工具、金融服务和金融机构的获得性。但基本事实是，贫困人口经常被排除在金融服务以外，因此（Robinson，2001 and Gonzalez Vega 2003）认为金融的关键是如何让贫困家庭持续获得金融服务。Patrick Honohan（2004）运用中国、韩国、俄罗斯、英国的相关数据检验了金融发展、经济增长和贫困的关系。结果发现：金融深化降低了贫困比例，提高了人们的平均收入，从而缓解了不平等。Jeanneney 和 Kpodar（2005）研究了金融发展、金融不稳定性和收入分配的关系，结果发现：金融发展可以减少贫困；金融不稳定性会抵消金融发展的积极性，从而损害穷人的利益。麦金农导管效应（McKinnon conduit effect）是金融发展减缓贫困的主要渠道。Kpodar 和 Jeanneney（2008）认为金融发展直接通过麦金农导管效应减少了贫困，通过促进经济发展间接减少了贫困，并运用发展中国家 1966～2000 年的样本数据实证检验了穷人能够从银行系统得益。得出了 3 个主要结论：金融发展有利于穷人，它的直接效应要强于间接效应；金融发展伴随着金融不稳定性，金融不稳定损害了穷人的利益，部分抵消了金融发展的好处；麦金农导管效应是穷人从金融发展中得益的主要渠道。

8.2.3 国内研究

从国内来看，也有相当多的学者对中国的金融发展、收入不平等和贫困问题进行了研究，根据研究的地区、角度、方法的不同，其结论也都不一致。有的学者研究发现我国金融发展与收入分配不平等呈负相关性。温涛、冉光和熊德平（2005）在理论上从制度和结构的角度对中国金融发展和农民收入增长进行了分析，并实证发现：中国金融发展，无论是金融机构贷款比率还是金融证券化率的提高对农民收入增长都具有显著的负效应；中国农村金融的发展，反而导致了农村资金的大量转移和流失，加大了城乡收入差距[①]。而陈习定等（2011）利用 1978～2006 年各省的面板数据研究发现金融发展显著扩大了城乡收入差距；付兆刚和张启文（2016）实证表明，正规金融和非正规金融对于农村减贫具有积极作用，对于农村的贫困发生率、贫困相对率和贫困失衡率的影响为非线性，具有"门槛"效应[②]。

可以看出，我国现有的相关研究：一是从实证数据来看，主要集中在全国层面上。二是在结论上并未有一致结论，且主要是认为金融发展对收入不平等和贫困减缓具有负效应，这与国外经典的理论结论有较大差异。对于第一个方面，技术上的可操作性可能是主要原因，由于地区性数据可得性限制，使得对于区域层面相关研究较少。而第二个方面，可能的原因是我国经济发展在地域、资源禀赋，实现方式等方面差异比较大，这种差异性导致了金融在促进社会福利如减缓贫困和共享经济成果方面的异质性，而现有的文献很少将经济增长方式的差异性考虑在内。本章将此因素考虑在内将借鉴"增长—不平等—贫困"分析方法，构

---

① 温涛，冉光和，熊德平. 中国金融发展与农民收入增长 [J]. 经济研究，2005（9）.

② 付兆刚，张启文. 基于 PSTR 模型的农村金融渠道减贫效应分析 [J]. 中南财经政法大学学报，2016（3）.

建"金融发展—收入不平等—贫困减缓"分析框架，以四川省连片特困地区 86 个县域数据进行实证研究，不仅能够对相关理论进行深入考察，也为当下实现精准脱贫的目标、准确发挥金融的扶贫作用提供有意义的借鉴。

8.3 金融发展、收入不平等、贫困——一个简单的理论框架

金融发展作用于经济增长、收入分配和贫困减缓的动态过程如图 8-1 所示，根据文献综述可以看出，金融发展对于贫困减缓的影响，不管是直接路径，还是间接路径，最终落脚点在于影响贫困人口的收入水平，如果经济增长成果更倾向于贫困人口，贫困减缓得以实现，同样，金融发展若能通过干预贫困人口收入增长路径或影响收入分配格局，也同样能实现贫困减缓。而所述三种条件的满足在于贫困人口对于金融服务的可获得性、资源配置功能能否激励和指引贫困人口适当分配资源和进行资本积累。如果金融"门槛"过高，金融发展作用于贫困人口的效率就会大大减弱，甚至会让贫困人口陷入"贫困陷阱"[1]。如果贫困人口能通过自身积累跨过"门槛"，或者通过外在的支持，跨越"门槛"，那么金融发展就是益贫的。因此本章将借鉴学术界广泛运用的"门槛"思想和简化刘纯斌等（2010）[2] 的分析框架基础上，来理解金融发展、收入不平等、贫困减缓的内在逻辑。

图 8-1 金融发展—收入不平等—贫困减缓的动态过程

资料来源：作者绘制。

8.3.1 基本假设

收入不平等与涉及对象的初始收入水平和收入增长速度相关，而不同个体的收入水平和增长速度均与其初始资源禀赋和个人人力资本及努力程度相关，因此

---

[1] Li-Pin Juan, Poverty Trap, Financial Openness and Economic Growth [J]. SSNR, 2012 (1).

[2] 刘纯彬，桑铁柱. 农村金融发展与农村收入分配：理论与证据 [J]. 上海经济研究，2010（12）：39.

将该地区的经济活动者分为两类：以农户为主的贫困阶层和以城镇从业人员和工商企业为主的富裕阶层；个人一生中的整个工作期限划分为 n 期，企业永续存在；初始财富水平为 W_0，由其各自环境决定，作为外生变量，反映出两阶层拥有资源禀赋差异。对于第 k 期（$k = 1, 2, \cdots, n$），每个阶层具有总的财富水平 G_k，包括外在禀赋为 Y 和第 $k-1$ 期留下的财富 W_{k-1}。假设每期的消费 C 为当期财富的 $1-\alpha$，当期财富的 α 部分留给下一代，其中，$\alpha \hat{I}(0, 1)$，但对于两个阶层来说，其每期都面临着两个投资方案：一是将财富存入金融机构，实行利率为 r 的保值储蓄；二是投资于投资规模为 I，收益为 R 的固定项目。其中暗含的假设是：贫困阶层的初始资金小于所需投资 I。即对于贫困阶层来说其扩大再生产所需投资资金依靠借贷。而对于富裕阶层来说，即便其具有足够多的初始资金，但如果他能获得信贷资金，也将进行负债经营，扩大再生产规模。

8.3.2　模型推导

由于金融机构与经济活动主体之间存在因信息不对称所引起的逆向选择、道德风险（Hoff and Stiglitz, 1990）以及经营的固定成本，加之贫困阶层缺乏有效抵押物，导致金融机构具有借贷门槛（Holmstrom and Tirole, 1997），即低于这一门槛的人将无法获得信贷。本章借霍姆斯特龙（Holmstrom）和蒂罗尔（Tirole）的借贷门槛这一思想，假定其门槛值为 T，T 的范围满足[①]：

$$\alpha Y / [1 - \alpha(1 + r)] < T < \alpha [Y + R - L^*(1 + i) - Q] / (1 - \alpha)$$

下面分析不同阶层在金融发展过程中收入分配的变化。

8.3.2.1　贫困阶层

对于贫困阶层，其第 k 期获得第 $k-1$ 期留下的财富 W_{k-1}，满足 $T > G + W_{k-1} - C$，即初始财富小于其门槛值而无法获得信贷。农民面临的投资选择只能是进行利率为 r 的保值储蓄。则第 1 期的当期财富为：

$$G_1 = \alpha(W_0 + Y) \tag{8.1}$$

第 k 期的当期财富为：

$$G_k = \alpha[G_{k-1}^*(1 + r) + Y] \tag{8.2}$$

因此留给 $k+1$ 期的财富为 G_k，由等式（8.1）、式（8.2）可得：

$$G_k = (b - b^{k+1})Y / (1 - b) + b^k W_0, \quad b = \alpha(1 + r)$$

根据前面的门槛值范围可以推导出：

---

① Holmstrom, J Tirole（1997）, Financial Intermediation, Loanable Funds, and The Real Sector, *The Quarterly Journal of Economics*, Vol. 112, No 3, pp. 663 – 691.

$$G_k \leqslant \alpha Y / [1 - \alpha(1 + r)] < T$$

从而表明，在下一期贫困阶层仍无法跨过信贷门槛，而只能进行金融储蓄，设 $\alpha(1 + r) \in (0, 1)$，则当 k 趋向于无穷大时，贫困阶层的最终财富收敛于：

$$G^{\infty} = \alpha Y / [1 - \alpha(1 + r)]$$

模型表明：在其他条件不变情况下，虽然减少消费、提高储蓄利率 r，或增大每期留给下期财富的比例 α，都能提高贫困阶层的最终财富 G^{∞}，但是这仍不能使得其突破信贷门槛。如果在没有外生因素介入的情况下，贫困阶层将落入"贫困陷阱"。

8.3.2.2 富裕阶层

相较于贫困阶层，富裕阶层的初始财富积累较大，因此可以假定其当期获得上期留下的财富 W_{k-1} 满足 $W_{k-1} + Y > T$，从而越过门槛值而获得借贷 L 来进行 I 规模的投资，投资的回报为 R，其中 $L \leqslant I$。（$L = I$ 时，表明家庭进行 I 规模的扩大投资金额均来自于信贷资金）。其暗含的假设是在投资时，无论自身资金能否满足，只要能获得借贷投资的机会，富裕阶层都将进行债务杠杆经营，扩大生产。同时，为了降低借贷方的违约风险，放贷主体需要对每个借贷者进行甄别和监督，即放贷主体需要付出监督成本和跟踪成本。相对应，借贷方则需要支付相应的进入金融市场成本 Q。假设其获得贷款的利息率为 i。则第 1 期的财富为：

$$G_1 = \alpha[W_0 + Y + R - L^*(1 + i) - Q] \tag{8.3}$$

其中 $R - L(1 + i) - Q > 0$，令 $H = Y + R - L^*(1 + i) - Q$，则

$$G_k = \alpha(G_{k-1} + H) \tag{8.4}$$

而对于富裕阶层来说，每一期均可以得到信贷支持，从而使得其财富不断地增长。更进一步地，留给其后代的遗产也将不断增加，从而其后代获得的初始财富也在不断增加。由等式（8.3）、式（8.4）可以得到：

$$G_k = \alpha(1 - \alpha^k) / (1 - \alpha) H + W_0^* \alpha^k$$

因为 $\alpha \hat{I}(0, 1)$，所以当 k 趋向于 ∞ 时，富裕阶层的最终财富收敛于：

$$G^{\infty} = \alpha H / (1 - \alpha)$$

该模型说明：信贷市场愈加完善，表现为进入金融市场成本 Q 变小，则富裕阶层获得的最终财富 G^{∞} 越大。在其他条件不变情况下，增大每期留给下期财富的比例 α，也能提高该阶层的最终财富值。而其外在禀赋 Y，作为外生变量，也与其最终财富正向相关。该模型还说明，如果富裕阶层扩大生产的资金全部来自信贷（即 $I = L$），则从长期来看，富裕阶层初始财富 W_0 仅起到获得信贷门槛的作用，与其最终财富无关；如果富裕阶层扩大生产的资金部分来自信贷，则从长期来看，其最终财富与初始财富投入到扩大生产的那部分资金（其值为 $I - L$）呈正相关。

8.3.3　结论

根据前面的推论可以得到如下基本认识：

结论1：富裕阶层与贫困阶层具有不同的财富增长路径，分别为图8－2中的路径 B_1 和路径 B_2，随着时间的推移，这种差距会越来越大。

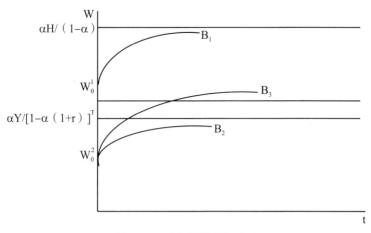

图8－2　财富增长路径（1）

资料来源：作者绘制。

在期初，初始财富水平带来的两个阶层的差距相对较小，由于该地区的发展水平有限，金融市场不发达，银行与经济活动者的信息不对称更为严重，也由于贫困地区农户经济活动分布分散且规模小，这就导致信贷的边际成本相对较高。对于金融机构来说，为了解决上述经营困难，设置信贷门槛成为可行办法。当门槛值T满足条件：

$$\alpha Y/[1-\alpha(1+r)] < T < \alpha[Y+R-L^*(1+i)-Q]/(1-\alpha)$$

时，对于贫困阶层来说，每一期生产时无法获得贷款资源来扩大生产，其财富（收入水平）将处于较低水平。其留下来的财富几乎唯一途径是进行储蓄，积累速度缓慢。而富裕阶层由于其初始财富大于门槛值，能不断地获得贷款资源扩大生产，进而随着时间的推移富裕阶层与贫困阶层间的收入差距将逐渐拉大。

结论2：该模型表明，改善贫困阶层的状况有两种途径：一是贫困阶层通过自身积累使其初始财富跨过信贷门槛值，从而使财富增长遵循路径 B_3，即从理论上来讲，贫困阶层在无法获得金融支持的情况下，只能通过给下一期留下更多财富，通过多期不断积累，某一期（或者某一代）的初始财富越过信贷门槛。但这是以牺牲贫困阶层当前生活质量为代价，不利于其收入的持续增长和福利水平的提高。二是随着金融水平的提高，贫困阶层金融可获得性增强，即门槛值 T 满足条件：

$$T < \alpha Y / [1 - \alpha(1 + r)] < \alpha[Y + R - L^*(1 + i) - Q] / (1 - \alpha)$$

时，贫困阶层进入金融市场的门槛值低于其初始财富时，即门槛值 T 位于 T_0 位置，贫困阶层也可以进行贷款，如图 8 - 3 所示，贫困阶层财富将遵循路径 B_4 实现增长，则随着时间的推移，在其他条件不变的情况下，将会使得两个群体的差距逐渐缩小，甚至为零。

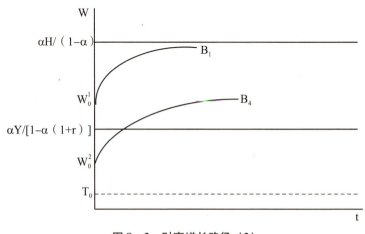

图 8 - 3　财富增长路径（2）

资料来源：作者绘制。

因此根据模型分析可以看出，金融发展水平低会加大贫困地区城乡收入差异，而贫困地区的金融发展现状的明显特征是农户信贷约束大，配给现象严重，需求得到满足。因此，对于贫困阶层来说，最可能的选择是进行储蓄，实现希望的路径 B_3 或 B_4 增长，这就必然导致当期或者前期的消费减少，甚至更加贫困。因此对于金融发展—收入不平等—贫困减缓的关系是否成立有待于实证检验。

8.4　数据描述及实证研究

8.4.1　四川省连片特困地区经济、金融发展和贫困背景

四川省集中连片特困地区由 4 大片区组成，分别为秦巴山区、乌蒙山区、大小梁山彝区和高原藏区，覆盖四川省 86 个贫困县，据 2013 年数据显示，涉及贫

困人口 401 万人[①]，占四川省贫困人口的 64.21%，贫困发生率为 13.9%，而全省的贫困发生率为 9.6%，由此可见，集中连片特困地区贫困人口多、程度深，是实现脱贫新征程的主要攻坚地区。4 大片区的社会经济发展水平低，消费、金融发展与全国平均水平均有较大差距，如图 8 - 4 所示，4 大片区的人均商品消费支出只占到全国平均水平的 30% 左右，大小凉山彝区相比其他 3 大片区，商品消费支出占比更低，只有 20% 左右，而根据世界银行的标准，收入只要低于平均收入 1/3 的社会成员便可以视为相对贫困。根据凯恩斯消费理论，边际消费倾向是比较稳定的，商品消费支出与收入的比值为常数，因此，商品消费支出也可以衡量贫困程度，同时，2011 年国家规定的最新扶贫标准——农村人均纯收入 2300 元，占同期全国平均水平居民年人均纯收入为 6977 元的 33%，若以贫困线作为衡量绝对贫困的指标，按此比例，本节计算的贫困指标也可以反映 4 大片区绝对贫困的一般状况。鉴于此，本节实证部分将选取人均商品消费支出水平作为衡量贫困（P）的指标。根据图 8 - 4，4 大片区贫困减缓发展趋势不一致，秦巴山区、乌蒙山区和大小凉山彝区贫困程度比较接近，且贫困呈减缓的趋势，大小梁山彝区贫困程度更深且整体具有加深的趋势。

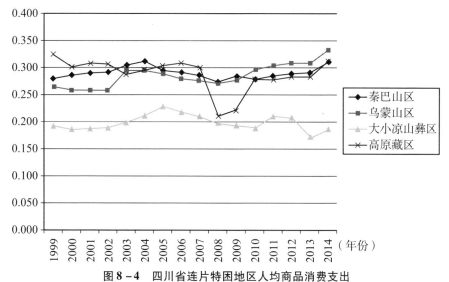

图 8 - 4　四川省连片特困地区人均商品消费支出

资料来源：《四川省统计年鉴》。

本节选取城乡居民储蓄存款余额（S）和年末金融机构各项贷款余额（D）

[①]　数据来源于全国扶贫建档立卡信息管理平台。

之和作为该区域金融资产量，以（S + D）/GDP 作为衡量金融发展（FD）的指标。可以看出，4 大片区金融发展低于全国平均水平（如图 8 - 5 所示），人均金融资产量只有全国平均水平 20% 左右（如图 8 - 6 所示），各地区之间的金融发展水平有较大差异（如图 8 - 7 所示），这种差异主要来源于县与县之间的差异，片区之间的差异较小。乌蒙山区和大小凉山彝区的金融发展水平只有全国水平的 50% 左右，且有差距加大的趋势，高原藏区和秦巴山区金融发展水平缓慢提升，逐渐接近全国平均水平。总体来说，高原藏区金融发展水平要高于其他 3 大片区。

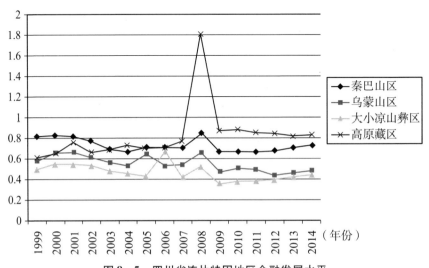

图 8 - 5　四川省连片特困地区金融发展水平

资料来源：《四川省统计年鉴》。

　　相比于金融发展水平与全国平均水平的差异，4 大片区的经济发展水平（以人均 GDP 衡量）与全国相比差距更大（如图 8 - 8 所示），秦巴山区、乌蒙山区、大小凉山彝区的经济发展水平相近但较低，均只有全国平均水平的 30% 左右，高原藏区的经济发展水平相对较高，但仍只有全国平均水平的 40% ~ 50% 左右，大小凉山彝区的经济发展与全国相比，差距有拉大的趋势。从 4 大片区 1999 ~ 2014 年的数据来看，4 大片区的经济发展水平总体较低，但片区总体的收入不平等来自于城乡收入的不平等（如图 8 - 9 所示），农户间的收入不平等水平较低，城镇内的收入不平等在加大，总体来看，收入不平等水平近年来有所降低。鉴于此，本节实证部分将用城乡收入不平等的泰尔指数作为实证指标。4 大片区经济、金融发展水平，相对贫困均在 2008 年发生了较大波动，尤其是高原藏区波动最大，原因在于高原藏区由于接近汶川地震震源，2008 年受灾较严重，对该地区的社会经济发展产生了重要影响。

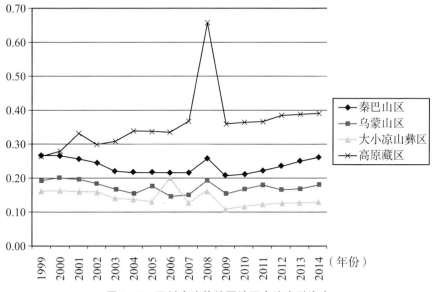

图 8-6　四川省连片特困地区人均金融资产

资料来源：《四川省统计年鉴》。

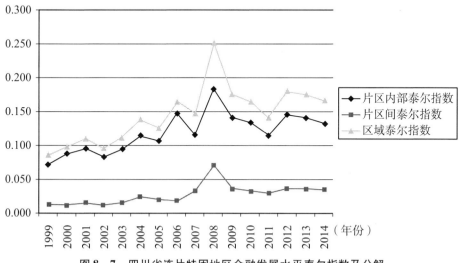

图 8-7　四川省连片特困地区金融发展水平泰尔指数及分解

资料来源：《四川省统计年鉴》。

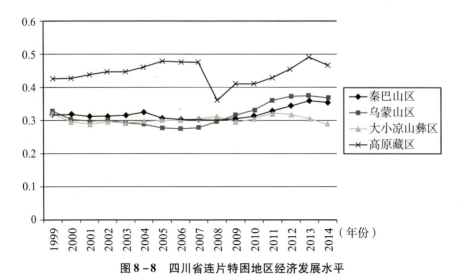

图8-8　四川省连片特困地区经济发展水平

资料来源：《四川省统计年鉴》。

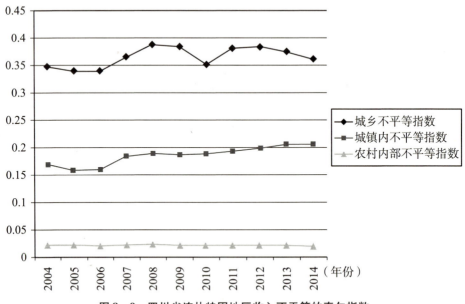

图8-9　四川省连片特困地区收入不平等的泰尔指数

资料来源：《四川省统计年鉴》。

根据以上统计描述，可以直观地看到，4 大片区的经济、金融发展和贫困减缓具有协同变动趋势，到此，本节已从理论和统计描述角度进行了金融发展、不平等和贫困减缓关系的研究，基于此，本节将构建计量模型对于相关关系进行实证研究。

8.4.2　实证研究

指标选取及数据说明。对于贫困地区来说，由于本身金融内生基础条件的缺乏，金融发展重要表现在商业性金融、政策性金融和合作性金融，因此，实证模型中将金融发展作为外生变量，来考察其对于经济增长、城乡收入不平等和贫困减缓的影响，而考虑到经济增长、城乡收入不平等和贫困减缓三者之间可能存在的内生性及双向因果关系等问题，基于 2014～2014 年四川省集中连片特困地区 80 个县域面板数据[①]，构建联立方程模型进行实证研究。数据来源于《中国统计年鉴》《中国县域统计年鉴》《四川省统计年鉴》《四川农村年鉴》。并根据上述描述选取以下指标[②]：

内生变量：贫困减缓（P）、人均国内生产总值（PGDP）、城乡收入不平等（TH）。

外生变量：金融发展水平（FD）、产业结构（IC）[③]、人力资本（HR）、政府财政支出（GS）、农业机械化水平（AE）。

计量模型。本节将构建三个方程的联立方程模型，贫困方程 E1、不平等方程 E2、经济发展方程 E3、分别如下：

$$LNP_{it} = \alpha_0 + \alpha_1 LNPGDP_{it} + \alpha_2 TH_{it} + \alpha_3 LNFD_{it} + \alpha_4 LNAE + \alpha_5 LNIC + e_{1it}$$

$$LNPGDP = \alpha_0 + \alpha_1 TH_{it} + \alpha_2 (TH_{it})^2 + \alpha_3 LNFD_{it} + \alpha_4 LNGS + \alpha_5 LNIC$$
$$+ \alpha_6 LNPe_{2it}$$

$$TH_{it} = \alpha_0 + \alpha_1 LNFD + \alpha_2 (LNFD_{it})^2 + \alpha_3 LNPGDP_{it} + \alpha_4 (LNPGDP_{it})^2$$
$$+ \alpha_5 LNHR + e_{2it}$$

8.4.3　实证结果与分析

单位根检验。为了考察面板数据的平稳性，首先要对各个变量进行单位根检验。本节选 LLC 检验方法，得出变量的水平值均不能拒绝存在单位根的原假设，而经过取对数的各变量的 LLC 单位根检验结果如表 8－1 所示。从表 8－1 的检验

---

① 由于有 2004 年之前和 6 个县域一些指标数据缺失，因此实证模型使用的数据是 2004～2014 年 80 个县的数据。

② 本节数据实际变量，即剔除了价格因素。

③ 以第二、三产业总产值比上第一产业总产值。

结果可以看出，各变量均拒绝存在单位根的原假设，体现出平稳性。

表 8 - 1　　　　　　　　变量的 LLC 的单位根检验结果

变量	统计值
LNP	− 3.064[**]
LNPGDP	− 11.283[**]
LNNPGDP^2	− 8.918[**]
TH	− 3.385[**]
TH^2	− 4.906[**]
LNFD	− 3.539[**]
LNFD^2	− 27.600[**]
LNHR	− 5.189[**]
LNAE	− 10.130[**]
LNIC	− 11.510[**]
LNGS	− 12.886[**]

资料来源：作者绘制。

从表 8 - 2 的计量结果可以看出，在样本区间内，除了金融发展水平（LN-FD）对经济发展水平（LNPGDP）是在 5% 的水平下显著和金融发展水平二次项（LNFD2）对经济发展水平（LNPGDP）不显著以外，其他估计参数皆在 1% 的水平下显著。

表 8 - 2　　　　　　　面板数据联立方程模型的检验结果

变量	贫困（E1）	经济增长（E2）	不平等（E3）
LNPG	0.454 (6.880)[***]		− 0.051 (− 5.675)[***]
LNP		0.733 (29.815)[***]	
TH	− 0.195 (− 3.216)[***]	1.546 (2.145)[***]	
TH2		− 0.556 (− 2.866)[***]	

续表

变量	贫困（E1）	经济增长（E2）	不平等（E3）
LNFD	0. 241 (9. 938)***	0. 080 (2. 509)**	−0. 022 (−6. 494)***
LNFD2	−0. 093 (−3. 673)***	0. 007 (1. 702)	
LNIC	−0. 087 (−3. 433)***		
LNGS	0. 419 (21. 202)***		−0. 0015*** (−6. 928)***
LNHR			−0. 123 (−9. 831)***
LNAE	0. 085 (5. 723)***		
LNPGDP2			−0. 037 (−3. 038)***
观测值	880	880	880
调整的 R^2	0. 75	0. 41	0. 60

注：＊、＊＊、＊＊＊分别表示 10%、5% 和 1% 的显著性水平，括号内的值代表 T 值。
资料来源：作者绘制。

　　具体来看，在经济增长方程（E2）中，四川省连片特困地区县域层面的金融发展与经济增长关系的系数显著为正，表明该地区金融发展对于经济增长具有助推作用；收入不平等的二次项系数显著为负，一次项显著为正，说明该地区的收入分配不平等与经济发展关系为倒 U 型，在期初，随着收入不平等的扩大，对于经济的增长具有正向刺激作用，但是，收入不平等跨过某个界限之后，这种促进关系就会变成一种阻碍。这可能的解释是，收入作为个体能力、勤奋程度的衡量和回报，对于个体的行为具有正向激励作用，当个体得到与其能力和勤奋程度相匹配的收入报酬时，他的行为就会得到激励，从而促使其效率提高，创造更多的经济财富，整个社会的经济价值得到增长，其核心在于，通过适当的不平等的激励作用，将潜在的个体和社会的生产效率和生产能力开发出来，根据经济增长理论，这就会提高全要素生产率（TFP），在其他条件不变的情况下，整个社会经济总量增长，但是，收入不平等到达某个界限之后，继续增加，就会产生社会资源财富向极少数阶层或群体集中，这就会产生大多数个体的付出远远大于回报的现象，若这种状态持续的存在便挫伤劳动积极性和生产效率，同样，反过来会对全要素生产率（TFP）产生负的影响，从而导致经济总量的下降。从回归结果也可以看出，贫困的减缓和财政支出的增加也促进了经济增长，在统计关系上，消费支出和财政支出每增加1%，可以分别提高人均GDP大约0.41个和0.73个百分点，即贫困的减缓有助于一般经济水平的提高，政府的财政支出对于该地区的经济发展具有积极作用。

在收入不平等方程（E3）中，人均GDP的二次项系数显著为负，一次项显著为负，说明经济发展与收入不平等的关系符合库兹涅茨（Kuznets，1955）的倒U型假说。在经济发展初期，经济增长加剧了收入不平等，而随着经济水平的进一步提高，经济增长的"涓滴效应"开始出现，从而使得收入不平等趋势减缓，也表明近年来，该地区的经济发展更有利于贫困阶层，结合方程E2、E3，也可以看出，经济发展与收入不平等互相作用，具有累计循环的因果关系，但是这种关系在不同的阶段具有不同的形式；金融发展的二次项系数不显著，但一次项系数显著为负，说明金融发展与收入不平等呈负线性关系，金融发展缩小了收入不平等状况，这与国内大部分研究的结论不一致，但与国外格林伍德和约万诺维奇（Greenwood and Jovanovic，1993）和国内张文、许林和骆振心（2010）[①] 的研究结论具有一致性。而根据本节的理论模型来看，这种差距的缩小可能在于贫困阶层通过自身的资本积累，能够跨过信贷约束门槛，即依路径的实现收入增长，同时结合该地区人力资本（LNHR）增加缩小了城乡收入不平等的负线性关系来看，随着该地区的金融技术的提高，信贷门槛值大幅度降低，从而使得贫困阶层能够进入金融市场，进行借贷，实现人力资本和物质资本的积累，财富实现路径的增加，从而缩小了城乡收入差距。

在贫困方程中（E1）中，人均GDP每增长1%，人均消费支出增加约0.45个百分点，经济增长具有减缓贫困效应；城乡收入不平等增加1个单位，人均消费支出就会减少0.19个百分点，即城乡收入不平等的缩小有利于减缓贫困，表明该地区的收入分配变化更偏向于贫困阶层；金融发展的二次项系数显著为负，一次项显著为负，这就验证了该地区的金融发展与贫困减缓具有G-J效应，在早期阶段，该地区的金融发展加剧了贫困，但在跨过门槛或者门槛值降低后，穷人能通过金融市场实现财富积累增加，从而消费支出增减，减缓贫困；控制变量产业结构（LNIC）和农业机械化水平（LNAE）变化对于贫困减缓具有不同影

---

① 张文、许林、骆振心：《金融发展与收入分配不平等：回到G-Z假说》，载《当代财经》2010年第11期。

响。根据本节的实证结果分析，该地区的产业结构的变化，即第一产业向第二、第三产业转变，对于贫困减缓具有负效应；而农业机械化水平的提高有助于减缓贫困。

8.5　结论及政策建议

对于金融发展—收入不平等—贫困减缓关系的研究，国内侧重于从实证角度来揭示三者之间的数量关系，而很少研究三者之间作用机制和使用联立方程模型研究这些变量之间的关系。其次，也少有关注贫困地区的这三者间关系。本章在构建一个简单的理论模型基础上，揭示了金融发展对于收入不平等和贫困减缓的可能影响路径，并以四川省连片特困地区 86 个县 2004～2014 年的数据建立联立方程模型进行实证研究，结果表明，该地区金融发展与贫困减缓之间存在显著的倒 U 型关系，收入不平等扩大增加了贫困，穷人会陷入"贫困陷阱"，但金融发展对于改善收入不平等状况具有正向作用，这一结论与我国已有研究不同，但却与学术界公认的 G－Z 假说一致，这一发现对于发挥金融减贫的作用提供了一定理论参考。同时，本章得到一个与一般研究不同的结论：该地区产业结构的转型升级并未对贫困减缓产生积极作用，有待进一步研究其原因。

本章的结论是，金融对于四川省特困连片地区是益贫的，对于贫困地区的特殊金融支持是有效的，通过具体的金融安排，可以为贫困阶层实现物质和人力资本的积累提供外在"引擎"，从而跨越门槛，城乡收入差距逐渐缩小，实现贫困减缓。因此，为了更好发挥金融减贫效应，实现精准脱贫的目标，政策建议是：创新金融技术，加快金融深化，降低金融"门槛"，增强贫困阶层对于金融的可获得性；提高金融效率，创新金融经营模式，以适应贫困地区以"绿色、生态、旅游"为发展主线的经济增长模式。

本章参考文献

［1］世界银行. 2000/2001 年世界发展报告：与贫困作斗争 ［M］. 中国财政经济出版社，2001.

［2］世界银行. 2006 年世界发展报告：公平与发展 ［M］. 清华大学出版社，2006.

［3］付兆刚，张启文. 基于 PSTR 模型的农村金融渠道减贫效应分析 ［J］. 中南财经政法大学学报，2016（3）.

［4］刘纯彬，桑铁柱. 农村金融发展与农村收入分配：理论与证据 ［J］. 上海经济研究，2010（12）：39.

［5］张文，许林，骆振心. 金融发展与收入分配不平等：回到 G－Z 假说 ［J］. 当代财经，2010（11）.

［6］阿马蒂亚·森. 贫困与饥荒［M］. 商务印书馆, 2001.

［7］郑长德, 伍艳. 发展金融学［M］. 中国经济出版社, 2011.

［8］郑长德. 中国少数民族地区包容性绿色发展研究［M］. 中国经济出版社, 2016.

［9］郑长德. 中国转型时期的金融发展与收入分配［M］. 中国财政经济出版社, 2007.

［10］崔艳娟, 孙刚. 金融发展是贫困减缓的原因吗?——来自中国的证据［J］. 金融研究, 2012 (11): 116－127.

［11］温涛, 冉光和, 熊德平. 中国金融发展与农民收入增长［J］. 经济研究, 2005 (9).

［12］B. Holmstrom, J. Tirole (1997), Financial Intermediation, Loanable Funds, and The Real Sector, *The Quarterly Journal of Economics*, 112 (3): 663－91.

［13］Goldsmith, R. N. (1969) Financial Structure and Development. Yale University Press, New Haven J Greenwood, B Jovanovic (1990). Financial Development, Growth, and the Distribution of Income, The Journal of Political Economy, Vol. 98, No. 5, Part 1. (Oct., 1990), pp. 1076－1107.

［14］Kuznets Simon. Economic Growth and Income Inequality［J］. The American Economic Review, 1955, 45 (1): 1－28.

［15］Kuznets Simon. Economic Growth and Income Inequality［J］. The American Economic Review, 1955, 45 (1): 1－28.

［16］Li－Pin Juan, Poverty Trap, Financial Openness and Economic Growth［J］. SSNR, 2012 (1).

［17］M Fleurbaey (1995), Equal Opportunity or Equal Social Outcome?［J］. *Economics & Philosophy*, 1995, 11 (11): 25－55.

［18］McKinnon, Ronald I. (1973) Money and Capital in Economic Development. Washington: Peter Townsend (1979). Poverty in the United Kingdom: A Survey of Household Resources and Standards of Living, Ewing NJ: University of Califormia Press.

［19］Roemer, J. E. 2006. Economic Development as Opportunity Equalization. Cowles Foundation Discussion Paper No. 1583, Yale University, New Haven. http://ssrn.com/abstract=931479.

［20］Shaw, Edward S. (1973) Financial Deepening in Economic Development. New York: Oxford Univ. Press.